TRISTE AMÉRIQUE

悲しきアメリカ

その真の様相

ミシェル・フロケ 著
大井 孝・土屋 元 訳

日本語版への序文

ミシェル・フロケ

フランス人の対米愛憎併存

近年の歴史上では、おそらく二〇〇三年の二月一四日こそが、フランスが、世界に対して、自国が確かにアメリカの同盟国であること、しかし決してアメリカの従属国でもまた熱烈な崇拝者でもないこと、をあらためて最も強く確認した日だっただろう。

その日、国連の総会で、フランス首相ドミニク・ドゥ・ヴィルパンは一つの画期的な演説を行った。彼はアメリカによるイラク侵攻の主張を強く拒否した。そして、現在、そのことを振り返ってみて、彼が間違っていた、と誰が主張しうるだろうか？ 彼は特に歴史の事例を引用した。彼はフランスのことを〝ある古い大陸のある古い国〟と呼んだ。これは明らかにドゴール主義的な表現で、多様な経験を経た欧州の諸国民の千年にもわたる叡知への糾合だった。しかし、そこには同時にまた、アメリカの友人に対する諫言の中に一つの軽微な尊大さが含まれていたことも読みとられるのだった。

フランスとアメリカは互いに魅了し合い、また互いに反発する、常に相愛して、また互いに嫌悪する。

一九世紀以来、そしてアメリカの創立以来、フランスの知識人たち、トクヴィル、シャトブリアン、ボーモンらのアメリカ論は、賞賛的であり、また批判的であった。彼等は新しい民主主義の国の創立を喝采し、同時にまた早くも、その中にいくつかの欠陥を明晰に指摘した。

「アメリカは二〇世紀にフランスと欧州の救済者であった」との繰り返される主張があるが、それは次の事実を忘れさせるものではない。アメリカが二つの大戦に参戦したのは（両大戦がすでにしばらく前に始まっていた後の）一九一七年と一九四一年の末であり、しかもその参戦には政治家たちの間で賛否の議論があったのだということだ。

要するに、フランス人たちはアメリカに何がしかの恩義を感じていても、彼らは知っている。すべてアメリカにのみ一方的に借りを作ったのではなく、その借りはたぶん、事前に（アメリカの対英独立戦争の時に）ラファイエット将軍が返済していたのだ、ということを。二つの大戦で、フランスはアメリカ人の助けなしには解放されなかったかも知れない、またはあれほど早くには。しかし、フランス人たちがいなかったら、アメリカ自体が存立していなかったかもしれないのだ。

今日、概括的に見れば、二つの系譜がフランスの政界と知識界を分けている。〝大西洋主義者たち〟にとってはアメリカが常にモデルであり、半ば絶対的な参照基準だ。別の人たち、反米主義者、と呼ぶのは厳しすぎるが、彼等はアメリカの中に羨望すべき社会のモデルを見出してはいない。

この米仏間の分裂線は他のいくつもの分裂線と合致する。経済の分野での自由主義の程度、外交政策でのイスラエルへの無条件の支持、社会保障の問題、環境問題などだ。アメリカに対する批判者の最多数はフランスの政治イデオロギーによる分類では主に左翼側に見られる。しかし、最も強固な対米批判は保守派側に見られるようだ。これは一つの激しいドゴール主義の遺産だ。この立場は、一つには、かって（第二次大戦末期に）ドゴール将軍が決してアメリカ人たちの支持する指導者ではなかったことを忘れていない。またこの立場はアメリカによる経済的・文化的支配を一つの侵略と見る偏狭なナショナリズムによるものでもある。

〝あの古い国〟、その問題に人々は常に立ち戻る。仏米関係の中には多くの非合理的な要素がある。フランスは一八世紀、一九世紀、二〇世紀の初めまでの郷愁を保持してきた。かつては、フランスの知識人たち、〝啓蒙家たち〟が近代思想を発明し、フランスの植民地がフランスを一大強国にしていた。その後、ドゴールがフランスに誇りを再び与えた。フランスはこの過去の上に生き続け、成り上がり者の尊大さを許容できない。フランスは自衛を試みる。フランスは〝文化的な特異性〟を発明して、保護主義の方式によって、大西洋の向こう側のアメリカから映画や音楽が大量にやって来るのを抑制しようとする。

ホワイトハウスの住人が誰であろうとも、このフランスからの基本的な対米不信は、また同時に確かに現実のものである対米礼賛と共存する。このフランスの対米姿勢はフランスの文化に深く根ざすものであり、アメリカの政治的な紆余曲折の次元を超越するものである。確かに、オバマの選出、次いでトランプの選出はフランス人の対米姿勢を一方から他方へと傾けさせた。しかしそれは瑣末なことにすぎない。アメリカ・フランス両国民は常時、相互に必要とし合い、観察し合い、力量を吟味し合い、評価し合う。結局は相互に、基本的なものの上で両国は結合している。それは自由というものに関するある種の思想への永遠の愛着だ。

二〇一八年八月

ミシェル・フロケ

訳者まえがき

大井　孝

本書の特色

本書の原著はフランスのニューステレビ局TF1の前報道部副部長ミシェル・フロケの五年間の現地調査によるアメリカ社会の観察報告である。初版は二〇一六年三月で、改訂版が同年一一月にアメリカ新大統領トランプ氏の選出の後に出された。旧版と比べて、改訂版は序文と第十五章が異なるだけである。

本書の刊行のあと、著者のフロケ氏は一躍、アメリカ社会問題の評論家として、多数のアメリカ関連の時事評論テレビ番組に常連として出演している。

すでに本書のイタリア語版が出され、フランス語のポケット版も本年四月に出ている。共訳者の大井は二〇一七年七月に著者に面会し、同氏が正に〝足で取材する〟型の逞しいジャーナリストであるとの印象を受けた。同氏は、自分の著書が日本語に翻訳されることになれば、それは大きな名誉である、と語っていた。

フランス人とアメリカ人――愛憎併存の長い歴史

フランス人によるアメリカ論がなぜ日本の読者にとって参考になり得るのか？　それは、日本人読者がフランス人の視点を通して、いわば大西洋側からの地理的・歴史的視角からアメリカを観察することが、可能になるということである。

アメリカの建国以来、米仏関係は特異に密接したものであった。イギリスからの独立に際してはフランスが入植者たちを支援し、アメリカ憲法の三権分立の原則はフランスのモンテスキューの思想を反映したものであった。アフリカからの黒人労働者のアメリカへの大量輸送にはフランスの奴隷商人が深く関与した。

一八〇三年のナポレオンによるフランス領ルイジアナのアメリカへの売却はアメリカ本土の面積を一挙に二倍に拡大した。

第一次大戦、第二次大戦ではアメリカがフランスの対独戦争のために援軍を送り、フランスをドイツによる占領から解放した。

また、アメリカは第二次大戦後にはフランスの経済復興に多大の援助を与えた。

特に注目すべきは一九四六年五月二八日に両国間に交わされた協定であった。同協定では、第一次大戦期間と第二次大戦開始後、アメリカの参戦までの間にフランスがアメリカから受けた融資総額の二八億ドルをすべて帳消しにして、さらにアメリカが六億五、〇〇〇万ドルを低利でフランスに融資することが定められた。この融資は後のマーシャル計画による二三億ドルの対仏無償供与とは別枠であった。

この大盤振る舞いの対仏財政援助に対して、アメリカ側の要求した主要な条件はささやかなもので、フランス向けのアメリカ映画の輸入枠の緩和であった。

ドゴール大統領が一九六四年に、アメリカの敵視していた中国を承認し、一九六六年三月に突然に三ヶ月の予告で、フランス国内のNATO軍、すなわちアメリカ軍の基地の撤去を要求し、さらにフランスはNATOの共同軍事機構から脱退した。これに対するジョンソン大統領は鷹揚で、「我々は客人にすぎない。主人が帰ってくれ、と言うのだから、我々は静かに脱帽して一礼をして、立ち去るべきだ」と言うものであった。

そのように米仏政治関係が緊張していた時期の一九六八年、ハーヴァード大学歴史学教授クレイン・ブリントン（Crane Brinton）はその著『アメリカ人とフランス人』の中でフランスによる対米批判を次のように肯定的に評価していた。

「米仏関係こそが世界におけるアメリカの信望の試金石である。米仏関係は、世界の諸国にとって容認可能な指導力をアメリカが維持しうるか否かの検証となる。もしもフランスおよびフランス人と協調していくことができなければ、我々の進路は実に困難になるであろう」（*The Americans and the French, p.246.*）

本書の原著者フロケ氏もその日本語版への序の中で、ブッシュ政権のイラク攻撃に対するフランス首相の批判の例に肯定的に言及している。

フランス人によるアメリカ論――トクヴィルの古典

フランス人識者たちによるアメリカ論の系譜は長い。フランス人によるアメリカ論の中でもっとも著名なものは、本書の中でもしばしば引用されている、アレクシス・トクヴィル（Alexis de Tocqueville）の『アメリカの民主主義』（第一巻一八三五年、第二巻一八四〇年、*De la démocratie en Amérique*）である。当時二五歳のトクヴィルは、一八三一年の五月から翌一八三二年の二月までアメリカに旅行した。その名目は新生アメリカの刑務所制度を視察して、自国の同制度改革の参照にするためであった。

本書の中で随所に引用されるトクヴィルのアメリカ論の中から、本書の内容に関連のある箇所で現在のアメリカにも妥当する部分を、いくつか参照してみよう。当時の彼の考察が現代のアメリカの考察にもそのまま適用できることは驚異である。本書の著者の考察の一部もトクヴィルのものと重複している。

「一般的に見て、精神の独立と議論の真の自由が、アメリカにおける程度よりも少ない国を私は知らない。」

（画一主義）（T1, p.266.）

「アメリカでは宗教が風俗習慣のみを規定するばかりではなく、それは知性にまでその帝国的支配を広げる。」（T1, p.321.）

「黒人は　彼を拒絶する一つの社会の中に自分を導入するための無駄な努力をしている。人々は黒人に、彼の出生以来、彼の種族は自然発生的に白人種に劣るものであると語って来た。そして黒人はそれを信じることから引き離されなかった。それ故に、彼は自分自身を恥じるようになった。」（T1,p.334.）

「アメリカのアメリカ人たちはインデアン種族を絶滅させてしまい、素晴らしく簡単に、冷静に、合法的に、博愛的に彼等の権利を分有することができたのにそれを妨害した。人類の諸法則をより良く尊重していたならばあの人々を壊滅させることはできなかっただろうに。」（T 1, p.355.）

「アメリカの中で最も私に嫌悪感を与えるものは、そこでの極端な自由の支配、ではない。それは暴政に対する保障が少ないことだ。アメリカがもしも万が一、自由を失うことがあるとすれば、それは多数派による万能支配の結果であり、多数派は少数派を絶望させる。…」（T1, p. 263.）

「アメリカ人たちがまだ自由であるということは確実なのだろうか？　彼等は他国におけるよりも多様な

社会的義務を課されているのではないか？　社会の権力をその原則において攻撃するという考えに欠けているので、人々はそれを分権化するということに留めたのではないか？」（T1, p.70.）

「アメリカ人たちは、外国人との関係の中では、最小の非難を受けることにも我慢できないが、賞賛をうけることには決して飽きない。どんなに小さな賞賛でも彼等は受け入れるが、最大の賞賛でも彼等を満足させることは稀である。彼等は常に賞賛されることを他人に強要し、彼等の強要に対して我々が抵抗すれば、彼等は自賛する。」（T2. p.233.）

「彼ら自身の長所について懐疑的なアメリカ人たちは常に自分たちの功罪表を見たがる。この彼等の意図は貪欲さからのみ来るものではなく、それは不安感であり、欲求不満でもある。」（同上）

一九九一年のシンポジウム『フランス人たちのアメリカ』

一九九一年に、ニューヨークとパリでアメリカ人専門家とフランス人専門家による両国間の愛憎併存関係の考察に関するシンポジウムが開かれた。そこでの報告者の一人で、一九八〇年に『アメリカの病弊』（*Le Mal Américain*）を著したフランス人社会学者のミシェル・クロジエ（Michel Clozier）は、次のようにフランス人によるアメリカ論の性質について語っている。この考察の視点は本書の著者のそれと共通のものである。

「アメリカ合衆国はフランス人たちの社会的政治的想像物の中で一つの特異な役割を果たしている。フランス人たちは、この最初の〝新国家〟の生誕に貢献して以来、世界の将来と祖国フランスの将来に関しての自分たちの希望と懸念の大部分をアメリカの上に投射しているのだ。」

「他のいかなる欧州の国もフランスほど深くアメリカに関わってきた国はない。フランスほどあの大西洋の向こう側の大民主主義国と奇妙に混合した歴史を持った国はなかった。フランスとアメリカは、国家、民主主義、近代性の概念においては姉妹であり、またライバルである。」

「全てのフランス人はいつか、過去、将来において、反米的で、また親米的であったたし、またそうあるだろう。この変動性はフランス人の皮相性を意味するものではない。アメリカに対してフランス人たちは感情的に、他のいかなる国に対するよりも、思い入れが深いのである。アメリカに対してフランス人たちは、自分たちが矛盾しているというよりは愛憎併存的である、または一貫性を欠いている、と感じている。根底では、我々フランス人の全員が同時に親米でありまた反米なのだ。そしてある意味で、我々はその親米主義と反米主義とを分離できない。」(pp. 191-192.)

« Remarques sur l'antiaméricanisme des Français »,
L'Amérique des Français, Collectif dirigé par Christine Fauré et Tom Bishop, 1992.

本書は、上記のフランス人専門家たちの論評にもあるような、フランス人の抱く対米愛憎併存の立場からの、フランス人ジャーナリストによる現代アメリカ社会の観察報告であり、同様に対米愛憎併存を意識する日本人読者にとっても、もう一つのアメリカ社会の考察の視角を提供するものとなることが期待される。

本書の邦訳出版は蒼天社出版の上野教信社長の高邁かつ迅速なご英断によって可能となったものである。本書の邦訳出版にご支援を賜った原著者と出版元レ・ザレーヌ社のソフィ・ラングレー社長にも深く謝意をお伝えいたしたい。

本書の翻訳はすべて共訳者二名の共同作業で行い、章ごとの分担をしていない。

二〇一八年一〇月

大井　孝

改訂版の序文

ミシェル・フロケ

それは、結局、トランプということになった。すべての世論調査やさまざまな立場の観測者たちの驚きだった・・・とりわけジャーナリストたちにとっては。

あのドナルドが二〇一七年一月二〇日から世界の最強国を主導することになるのだ。すでに評論家たちが叫んでいるように、そのことを恐れるべきなのか？　多数の欧州の指導者たちが懸念するように、彼の在任期間は一つの「不安定な時期」となるのだろうか？

これらのことを何も予想できなかった人々、アメリカが根本的に変化してしまっていたことを理解しなかった人々は、彼らの誤った予想のことでますます屈辱を味わわねばならないだろう。

トランプの勝利、それは、本書が描く「悲しきアメリカ」の勝利だ。「悲しきアメリカ」がそこにあったのだ、恥じながら。そのアメリカは公費による給食に頼る五、〇〇〇万人の貧困者たちの中にあった。またその国は完全雇用の偽の統計の陰に隠されていた。何十万もの人々が、食べていくこともできないような低賃金の仕事を探すことを断念して、失業者数の統計の中には表示されていない。「悲しきアメリカ」はその国の人種差別による暴動や大量殺戮の愚行のことでわれわれを怖がらせてきた。そのアメリカは不公平な税制によって課税を免れている億万長者たちのことでわれわれに衝撃を与えていた。トランプのアメリカ、それは一五年間に及ぶ戦争で疲弊した国だ。その国では社会のインフラが崩壊し、そこでは大学教育が高価な贅沢となっている。

ようするに、アメリカは、「権力とそれを体現する政治支配者たちによって見捨てられた」と感じる人々の国になっている。

そこで人々は、一人のお祭りの大道芸人の腕の中に飛び込んでいったのだ。彼はリアリティ・テレビショーのプロだった。彼の誇張、侮蔑的表現、暴言、なども全く問題にならなかった。あのドナルドは不況によって圧迫されていた中流階級の人々に誇りを回復させる方法を知っていた。

当選後の彼は、自分が国民の間に惹き起した希望の実現に責任を負う。その成功のための彼の処方箋は単純なものだ。自国の大きな自給自足可能な国内市場に引きこもる。そして、国際面ではあの「栄光ある孤立」に立ち戻る。そのことでは誰が彼を非難できようか？ ブッシュの二期八年の破滅的政権が世界の半分を十分に混乱の中に投げ込んだ後なのだから。

トランプのアメリカはどんな形のものとなるのだろうか？ 誰にも分からない。ただ一つ確実なこと、それはアメリカの民主主義が堅実であることだ。世界で最強のあの人物も議会の支持なしには何もできない。政府、軍隊は誰かが勝手に操作できる制度のものではない。あの第四五代大統領の任務は彼を政権に導いたあの選挙運動の丸写しにはなりえない。

トランプは再生をひたすら求める停滞中のあの国を継承する。その国は一つの「悲しきアメリカ」であり、その国はその史上で最悪の現状の中で、自己再生を試みるために、いくつかの単純な方策の中からあの選択をしたのだ。

ミシェル・フロケ

二〇一六年一一月

目次

プロローグ

アメリカ再訪

私は二〇一一年の夏にアメリカに着いた。何の先入観もなしに。自分があまりよく知らないこの国を解明しようと意識していた。私はその前の二〇〇四年に民主党のジョン・ケリー大統領候補（後にオバマ政権で国務長官となる）の選挙運動を取材した。彼は長身で貴公子風であり、民主党員でフランスびいきで、フランス語にも堪能で、品位があった。彼は正にフランス人が好きになりたがるアメリカを具現した人物だった。

それよりも前、二〇〇三年に私は二ヶ月近くをアメリカ空挺部隊の第八二師団の隊員たちと寝食を共にした。この師団は第二次大戦末期の米英軍によるノルマンディー上陸作戦で最初に解放された町の聖母教会の上に降下した。この部隊はクェート防衛のための第一次イラク戦争の時にも同様に、イラクの首都への侵攻進路を開くためにバグダッドの空港に降下する準備をしていたのだった。残念ながら、戦闘の命運は違う方向に展開した。その精鋭部隊は、クェートにとって決定的に不利な形で始まっていた戦争の後方の防衛のために回された。その後、クェート市からバグダッドまで、私はこの部隊の若い白人兵たちと生活を共にした。彼らは何よりも経済的な理由から従軍していた。その他にも当然ながら、アメリカ国籍を取得するために志願してきた中南米の若者たちがいた。

これらの若者たちは、皆、原則として、ある国、つまりフランスに反感を持っていた。フランスはある理由…イラク戦争に反対していたなど…から彼らの反感を呼んでいた。彼らの大部分は共通の辛い訓練を経た後に急速に勇敢な兵士となっていった。ただし、アメリカが彼らに与えたがっていた英雄ランボーの戯画像とはほど遠いものだった。

不幸にして敗北した大統領候補のケリーや、何人かのパートタイマー兵士たちと私の接触、それだけではある国、アメリカについて私が一つの考えをまとめるには少なすぎる体験だった。しかし、今回、私は自信を持ってアメリカにやって来た…いわば遠く離れていた親戚に会うようなつもりで。何年も会っていなかった従弟たちに会うように。もしかしたら彼らを認知できないかもしれない。しかし、とても身近に親しみを感じる。そんな気持ちだ。

アメリカは私にとって、まさにそのようなものだった。われわれはアメリカを知っていると思いこんでいる。さらに悪いことに、われわれはアメリカがフランスに似ていると思いこんでいる。垣根越しの隣人には毎日すれ違うが、互いに一度も家に招待し合わないようなものだ。この、われわれにそれほど近いと思っていた人物が実は全く異邦人だったのだ、とわれわれが気づくためには、しばしばある劇的な事件の到来が必要なのだ。

アメリカ、それはまさにこのような身近かにある神秘的な存在だ。人は皆それぞれに裏面を持つ。極悪人たちはいくつもの裏面を持つ。息をのむほどの素晴らしい光景のアメリカ、大学のキャンパス、グーグルやフェイスブックのアメリカ。貴族的なアメリカ、ボストン、ニューイングランド。神話のアメリカ、ケネディからビル・ゲイツまで。テレビドラマの『ホームランド(CIA捜査員の活躍物語)』や『ソプラノ一家(マフィア家族の物語)』に出てくるアメリカ。われわれが軽蔑するアメリカ、ジョージ・W・ブッシュのアメリカ。われわれを魅了するバラク・オバマのアメリカ。フランスをドイツから解放したアメリカ、そして、他国への介入主義者のアメリカ、世界の憲兵アメリカ。九月一一日事件の殉教者アメリカ…アメリカは他のどんな国よりもわれわれの想像の世界を満たしてくれる。

アメリカは世界で最大の民主主義国ではないのか？　自由の国で、そこではあらゆることが可能な国ではないのか？　人々は「アメリカンドリーム」を語るではないか？　他のどんな国がこれほど「夢」という言葉を独占しえただろうか？　それゆえにアメリカは特異であり、またそうでなければならない。なぜならば、アメリカこそが諸国にとって、常に不可避的な参照基準だからだ。フランスの知識人たちはフランスの民主主義の活力と報道の自由の健全性を証明するためにアメリカを参照する。アメリカは原則を重視する国であり、そこでは万人が法の前では平等ということになっている。「アメリカではそんなことは不可能だ」とわれわれは何度聞かされたことだろうか？

フランスの政治家が脱税したり、密会のためにスクーターに乗ったりすることがある。これらについては、迎合的なフランスのある新聞が政治家の利益相反の問題を強調することや政治家に不都合な疑問を向けることを忘れることがある。アメリカではそのようなことはない、というのは事実だ。では、アメリカではどうなのか？　そのような報道がなされれば当然それは望ましい。他方で、アメリカのマスコミが批判精神を犠牲にして愛国主義をジャーナリズムの美徳だとするのはやむをえないとされる。さらに、不偏であるべき裁判が結局は主として弱者、貧困者、黒人たちを苦しめてもやむをえないとされる。

「アメリカは比類のない、機会に恵まれた国だ」と考えるわれわれはアメリカの現実を見ようとしない。時には歴史にはいくつかの盲点がある。聞き取って確認のできないさまざまな証拠がある。かってフランスの評論家ジャン・フランソワ・ルベルが、証拠を示して、フランス共産党の元書記長ジョルジュ・マルシェーの戦時中の対独協力の過去を告発したことがあった。ルベルは証拠書類を示して、その共産党指導者が戦時中にドイツの軍用機メッサシュミットの製造工場で一九四四年まで働いていたことを証明した。しかし、誰もそのことを認めようとしなかった。

また第二次大戦中に、フランス・ヴィシー政府と協力したフランソワ・ミッテラン大統領の過去については、大戦後にフランスの国民議会で議論されたが、世間は彼の二期一四年の任期終了の後にその事を再発見したようだ。これがわれわれのものの見方だ。

アメリカに対するわれわれの見方も同様だ。何をしようとも、アメリカは常に、アメリカを見るわれわれの視点の中に寛大な赦免の理由を見つけるのだ。

おそらくはアメリカについて論ずる知識人たちの大部分はアメリカについて一つの古い見方を持っているのだろう。すなわち、九・一一事件の直後から、アメリカに関する知識人たちの思考のメーターが停止したように見える。彼らにとっては、あの国が殉教者の国となった。しかし、どのような殉教者の国なのか？知識人たちがしばしば訪れるニューヨークやサンフランシスコのアメリカなのか？　彼らはアイオワ州のスー市（Sioux）にはめったに行かないだろう。すべての分野の専門家たちの場合と同様に、アメリカ研究の専門家たちの場合も同様だ。偶像をあまりにも近くで見ているので、結局は何も見ていないことになるのだ。

私が五年間そこで駆けずり回ったこの国は、われわれフランス人に近いものかと思っていたが、結局、それはますます遠くなるものであることが分かった。

特に驚かされたことは、そこでの暴力の度合いだ。経済的・社会的暴力、人間関係の中での暴力、社会集団の間の暴力、日常生活の中での暴力、スポーツの暴力、警官の暴力、ようするに過剰武装社会の暴力だ。アメリカは世界で最も豊かな国だ。しかし、それはまた最も不平等な国でもある。「貧困者に不幸を」、これが正にアメリカの真の標語だ。昔、一度だけ、ワシントン州政府が最貧困者対策を何も行わずに、慈善事業と慈善事業者に対する免税措置のみに依存したことがあった。大衆のこのエゴイズムに知的な外装と文化的な正当性を与えるための追従者たちはたくさんいた。これは国家に対する挑戦だった。ある種の自由主義志向であり、こう叫ぶことだった、「貧者に不幸を与えよ」「納税額が減れば、それだけ私は豊かになり、ますます私は寄付ができる。そしてその結果、貧者たちがその分だけ幸せになる」。これがアメリカ人の過半数の信条だ。

黒人とスポーツ

貧困者の中でも最貧困者、すなわち黒人たちにとっては、しばしば、スポーツが貧困から抜け出したり、教育を受けるための唯一の手段である場合が多い。

彼らはアメリカン・フットボールの大部隊、すなわち、上級選手集団のほとんどを占めている。フットボールはアメリカの一つの国民的宗教だ。毎年、スーパー・ボウル、決勝戦では一億一、〇〇〇万人以上のファンがテレビで観戦し、その視聴者の数は増加し続ける。ラグビーの遠い親戚となるこのスポーツは今ではスポーツの競争というよりはサーカスゲームに似ている。上級レベルの選手たちは何らかの程度の脳しんとうを経験している。ヘルメットや防具をつけてもあのスポーツは選手に身体障害や死をもたらす。

二〇一三年には、四、五〇〇人の元選手たちがNFL、全国フットボール連盟を相手に集団訴訟を起こし、総額で七億六、五〇〇万ドルの補償金を獲得した。NFLは今後の訴訟に備えて、数億ドルを準備している。しかし、誰もこの競技をより危険性の少ないものに変えたり、ルールを変更したりすることを考えない。とにかく、あの見世物が継続するためには、資金的、法的な保障さえあればよいとされている。そして、選手たちの交代要員は常にいるのだ。それは若い黒人の高校生たちの大部隊だ。二〇一五年にはそのうちの一二人が競技場で死亡した。他のどんな国で、この「スポーツ」と呼ばれているものが、このような方式で継続することが認可されるだろうか？

高額の大学教育

アメリカでは、裕福でないものが学問をすることは困難だと言わねばならない。世界でおそらく最高の学術的知性を結集させる国、ノーベル賞受賞と特許権取得のチャンピオンの国であるアメリカ、この国がその教育制度の衰退を放置している。事態の表面は誤解を生む。

著名な上海交通大学・大学研究センターの分類によれば、世界のベスト二〇の大学のうちの一六はアメリカの大学だ。カリフォルニアのバークレイやスタンフォード大学など。しかし、これらの大学は決してアメリカの高等教育機関の全体を代表するものではない。これらはフランスのグランゼコール（大学レベルのエリート専門学校）のようなものだ。

これらの大学よりも下の大学教育制度の内容は悲惨だ。そこでの落第率は五〇％以上。授業料が巨額で、学生たちの借金額は泥沼状態であり、リーマン・ショックの金融危機の状況とはとうてい比較にならないほど深刻だ。高校でも状況は同様に深刻で、高校卒業時に辛うじて四割の学生が大学進学可能な学力のレベルに達する。その結果、アメリカでは優秀な頭脳が不足する。毎年、アメリカは八万五、〇〇〇のＨ１Ｂの入国査証（就労ビザ）を外国人に有料で発行する。その対象は最低でも四年制大学の卒業者、あるいはそれと同等の専門職の経験者だ。アメリカのハイテク企業はこの外国人技術者の入国枠を広げるように強く政府に要求している。

暴力社会

社会的暴力と経済的暴力はしばしば人種集団の分断線と重複する。「オバマの出現後のアメリカは脱人種差別となった」と見るのは一つの神話だ。今日でも依然として、一〇件の発砲事件のうち九件までは白人警官が武器を持たない黒人に発砲している。若い黒人たちのうちの半数は自分たちが三五歳までは生きられないだろうと感じている。自分たちの将来についてのこのような意識は過度に悲観的だ。しかし、このような意識は客観的な考察から容易に説明可能だ。まず、今日生まれた黒人の内の三人に一人は彼の人生のどこかの時点で刑務所に行くことになる。

アメリカの国民はこの暴力のことを意識している。国民は警官の人種差別主義、五、〇〇〇万人の失業者、大量の殺人事件の発生のことをすべて意識している。国民はイラクとアフガニスタンでの二つの戦争の失敗が国民を破滅させ、アメリカの威信を破滅させたことを知っている。国民は復員兵たちが、自殺しない場合には、街で物乞いをするのを見ている。二〇一三年には一日平均二〇人もの異常な高率で復員兵たちが自殺していた。

国民は国が予算の半分以上を軍と公安組織に呑み込ませているのに、勝利も安心も保証しないことを知っている。その結果、その他の事業のための資金がなくなり、特に国内のインフラ整備ができない。七万ヶ所の橋が緊急に修復を必要とし、横断歩道システムの欠陥個所が何万もあり（二〇一四年には二四〇人の歩行者が死亡）、電車の脱線の多発、大都市を含む市内道路のデコボコ。国民の一部はこの問題を意識している。しかし、国民の別の一部、多数派、真の権力の所在場所である連邦議会の多数派を含む人々はそれらのことに憤慨しないのだ。

「アメリカを理解するためには共和党員たちを理解しなければならない」と、アメリカの事情に精通しているある友人が、ある日、私に助言してくれた。しかし、彼自身もこの格言を自分で実行することが、「時には、困難だった」ともつけ加えていた。

「学校や大学のキャンパスでの大量殺人を防ぐ最良の方法は教師を武装させることだ」と考える人々をわれわれは実際にどう理解すればよいのか。その同じ人々が、「生活することなど不可能な最低賃金（一時間当たりわずか七ユーロ程度）を引き上げれば世界一の経済大国アメリカが危地に陥る」と真剣に考えるのをわれわれはどう理解すればよいのか。また、丸腰の「容疑者」を、時には背後から、また時には手錠をかけられているにもかかわらず、射殺する警察官の言い分を常に認める人々をわれわれはいかに理解できようか。そして、彼らがいつも公共の利益をではなく私的利益を、公共の善をではなく金銭と儲けを優先させることをどのようにしてわれわれは受けいれられようか。

共和党員たちはアメリカ全体の戯画を示すものであり、その最悪のステレオタイプを具現しているが、それを具現しているのは彼らに限ったことではない。

物質主義と個人主義

多くのアメリカ人たちの政治的信条がどんなものだろうとも、彼らの視界にあるのは物質主義と個人主義だけだ。

アメリカにおける個人主義の度合いは測定しにくいが、最も弱い人たちの境遇を見れば、個人主義というものの実態がかなりよく推論できる。そして、万が一、良心にかかわる諸問題を扱う場合には、さまざまな教会がそれを担っている。合衆国における宗教心の地位は、同等の経済的水準の他のいかなる国に見られるよりも高い。

一方、物質主義は、最近のある新しい産業セクターの伸長を通して客観的に確認することができる。不用品の整理と選別という、この産業は今では売上高が二五〇億ドルに達し、過剰な消費に対処するための一連のサービスを提供している。これらのサービスは、不要品の貯蔵のためのセンターから、未開梱の家電製品やテレビで一杯になったガレージや、足の踏み場もなくなってしまった衣裳部屋のスペースを再び空けるための小道具やアドバイスにまで及んでいる。熱狂的消費は「ネット販売」と「即日配達」によって加速され、限界知らずのため、そのような不要品整理産業の出現は緊急に必要となっていた。一つだけ数字を示すと、アメリカには地球上のすべての子供の数の三・一％を占める子供たちがいる。しかし、アメリカの親たちは世界のおもちゃの生産の四〇％以上を買い与えている…。

それでも、アメリカは自分のことが大好きだ。「自分たちこそ自由世界の先導者ではないだろうか」と自負する。「いったん問題が起こると人々は常にわれわれに相談しにくる」と、オバマ大統領は常に言うが、彼はそこでは明らかに、イラクのあの混とん状態と、その結果としてのＩＳ（イスラム国）の出現の責任から自国を赦免している。

アメリカはまた、シリア難民をごく少数しか受け入れていなくても、自国が世界のすべての恵まれない人々の希望のよりどころでありたいと望んでいる。アメリカは自国が依然としてあらゆる人たちに成功の機会を与える国だと思いたがっている。ただし、自国民にはそれを与えていないのだ。

今日、アメリカにおいて、格差社会の再生産は他のいかなる先進国よりも顕著だ。高額の教育費はこのこと無関係ではない。社会集団相互間の緊張は、特に黒人とコーケジアン（アメリカでは白人はこう呼ばれている）の間では恒常的だ。軍隊のように武装した警察がいたるところにいて、やっと治安が保たれている。共同社会のモデルの破たんだ。社会統制、ポリティカル・コレクトネス（政治的に正しいこと）、移民数の割り当て制度などによって押しつけられる「共生」の幻想は、些細な事件の発生で霧消する。オバマ大統領はこの共同体主義の産物だ。

オバマは多様なマイノリティー間の連携の生んだ候補で、圧倒的多数派の白人たちに対抗して選ばれたが、彼は全国民的和解を意味する大統領ではなく、アメリカはこの亀裂の中へと沈みつつある。しばらく前から従来のマイノリティーはマジョリティーになり、今では合衆国では白人よりも非白人の新生児が多くなった。その結果があの白人たちの大恐怖であり、ティー・パーティーとますます急進化する共和党員たちだ。幻想化された初期のアメリカへの郷愁だ。そこでは最も強い者の支配が最も正しいとされていたようだった。

かってアメリカはすべてを所有していた。処女地の大陸に無尽蔵の天然資源。入植者たちは自分たちの行動を慎重な配慮で制約することはなかった。彼らはこの大陸を収奪し、奴隷という無料の労働力を輸入し、大量虐殺の末に原住民を抹殺した。そしてこの三つの罪の上に、世界で最も豊かな国を建てた。そこまでは当然のことだった。しかし、彼らはあの新大陸から一つの新しい世界を作ることはできなかった。長い間、それができたかのような幻想が作用していた。かってはアメリカとその創造力を熱愛しない者などはいなかっただろう。しかし、今日、アメリカ帝国は頓挫している。明快な主張を欠き、自身のさまざまな旧悪につまずき、自己を再生できないでいる。

第一章　富裕者たちの幸福

超富裕層の形成

なんという人物たちの展示なのだ！　アメリカの大衆向けの大日刊紙『ユー・エス・エー・トゥデイ』の一面に八人の写真が載っている。完璧な笑顔で、白い歯を見せている。幸せでくつろいだ様子だ。彼らが喜ぶのも当然だ。読者の皆さんは彼らを知らない。例えば、スティブ・エルスは今人気のファストフードチェーンの社長、ジョン・スタンプはウェルズ・ファーゴ銀行の頭取。さらに彼らの最上位にはレス・ムーブスCBS社長がいる。彼らこそがヒーローたちであり、アメリカの夢の人物たちであり、その模範だ。

彼らはおいしいサンドイッチを作ったのか？　倫理的な銀行を作ったのか？　それとも高級のテレビ局を作ったのか？　それは定かではない。彼らの業績、すなわち、彼らに新聞の一面扱いと読者たちの称賛を与えるもの、それは彼らの得た資産なのだ。彼らは正に巨額の金を稼いだのだ。その額は、他の国々、とりわけフランスでは、想像できないほどの額をさらに遥かに上回るものだ。

彼らの中で最下位のスティブ・エルスの資産ですら七、〇〇〇万ドルだ。ジョン・スタンプは八、七〇〇万ドル近くだ。しかし、レス・ムーブスには脱帽だ。二億八、〇〇〇万ドルだ。しかも当然にこの額は総資産額ではなく年収だ。そこには株のオプション取得や配当金が含まれる。

これらの人物たちは例外ではない。スタンダード・アンド・プアーズ格付け査定会社が作成したアメリカの上位五〇〇の企業の社長たちの年収の中間値は二〇一四年に一、一七〇万ドルだった。これは約一、〇〇〇万ユーロだ。さらに追記すべきは、しばしば給料は彼らの報酬の一小部分にすぎないということだ。これほどの巨額の金は他の人々にめまいを起こさせるほどだ。これほどの金持ちたちがこれほど多数、そこに居るのだ。アメリカでは超リッチの人物はフランスにおけるように五本指で数えられるほどの少数ではない。その数は世界中で名の知られている数人の恵まれた人々だけに限定されてはいない。

例えば、フランスではベタンクール、ピノー、アルマン、ボロネ、ニエルなど少数だ。しかし、アメリカでは事情が違うのだ。超リッチは何万人もいる。彼らは国民の一％ではなく〇・一％で、総数では、約一六万家族となる。彼らだけで国の富の四分の一近くを所有している。彼らは世界でも特異な一つの社会階層を形成する。しかもそれは近年のことだ。このことは最近ようやく他の人々が認識し始めたことだが、アメリカ史上では一つの例外的な現象だ。

ここで、このような富裕階級の形成の軌跡を探るためには二〇世紀の初めにまでさかのぼらなければならない。一九一六年から一九二九年まで、アメリカ人の中の最も富裕な〇・一％の人々が国の富の約二〇％を分有していた。しかし、一九七八年には、彼らは国の富の七％しか所有していなかった。今日、その保有比率は二二％であり、この数字は二〇一二年以来、知られているものだ。そして、この傾向が逆転するという気配は全く見られない。『フォーブス』誌が毎年、公開する「最も富裕な四〇〇人のアメリカ人」のリストによれば、むしろその傾向は悪化している。二〇一四年にその上位四〇〇人の富裕者のリストに載るためには一五億ドルの資産保有が必要だった。二〇一五年にはそのリストへの搭乗券は一七億ドルに高まった。つまり一年間で上位四〇〇人の合計資産が五〇〇億ドル分も増加したのだ。

この新しい社会階級の閉鎖性を測定するための他のいくつかのより興味深い方法がある。二〇一五年に、ピカソの絵「アルジェの女たち」の競売会があった。それがワシントン・ポストの元論説記者で、その後、ニューヨーク・タイムズ社の経済記者となっていたノエル・アーウィンに、その測定の機会を与えた。その絵の落札購買者は匿名だった。しかし、アーウィンはその落札者の具体像を次のように推定した。その絵は一億七、九四〇万ドルで売却された。一枚の絵を買うために自分の資産の一％以上を使うような人は誰もいない。従って、あの金額を自分で使うことを考えるような人は、少なくとも、あの金額の一〇〇倍の一七九億ドルを持っていなければならないだろう、というのだった。そのようなことのできる人は五〇人ほどいた。その大部分はアメリカ人だった。

アーウィンの計算によれば、一九九七年に、インフレ率を調整しても、世界中でその買い物ができるような人は一二人ほどだった。つまり超リッチの人々の数は過去二〇年以内に四倍になったのだ。

これらの超リッチの人々は金銭的な成功に最高の価値を与えるある体制の戯画化された派生産物だ。それは正にアメリカ文化の基盤なのだが、アメリカは成功とその具体的な認知、すなわち、お金を愛する。この個人主義的・物質主義的な社会では資産を作ること、ようするに、良い生活をすることが成功の頂点と見られている。お金こそが他人の尊敬を強要する資質の保証だ。そのお金をどのようにして得たのかという方法はほとんど重要ではない。

最近のある世論調査の結果がある。青年男女のあるグループに出された質問は、「最初の二人きりの夕食デートで確実に関係断絶をもたらす要因は何か」、というものだった。回答の大多数が挙げた、最も重要な破局要因は、「相手のクレジット・カードが有効でなかったこと」だった。アメリカはお金を話題にすることに何のわだかまりも感じない社会だ。そこでは、自分の給料のことを自慢する…それが高給であれば当然に。人々は自分の給料のことを他人に明かし、隣人、友人、家族に語る。そして比較する。すべてのものに値段をつける。自分の車、バカンス、家、離婚、など。ようするに誰が最高額の金に縁があるか、なのだ。

数ケ月前にモルガン・スタンレー銀行が同行の預金者たちに、彼らの預金を銀行がどのように優先的に投資することを望むか、を質問した。収益目的にか？　それとも社会に影響を与えるような分野にか？　預金者の五五％にとっては収益が唯一の目的だった。預金者の三五％が収益と社会的影響の間のバランスを取るように試みて分配することを望んだ。ようするにいささかの道徳性を金融ビジネスに注入したのだった。

金を持ち、金を愛し、さらに多く集め続けるということ、しかし、そのこと自体は貧困者の運命に無関心であるということにはならない。この偽善的社会では、最弱者たちが極小の程度にしか支援されていないのだが、人々は常に慈善を行うように要請されている。スーパーマーケットの支払いカウンターでは、毎日、必ずお客に寄付を求められている。貧しい子供たち、病人、復員軍人たちのための募金だ。大手スーパーのチェーンはこれらの募金運動の擁護者として自負しているが、これらの会社は従業員たちにまともな生計を立てることもできないほどの悲惨な賃金しか払っていないのだ。

しかし、アメリカでは、またアメリカ人の思考枠の中では、貧困者とは何を意味するのだろうか？　それは成功する機会を得なかった犠牲者なのか？　彼を助けるべきなのか？　彼はさまざまな機会を掴むことができず、結局は自業自得に陥った人なのか？　これらの単純な、あるいは単純すぎる質問は、すでに昔から決着がついたものと考えられがちだが、この疑問が国の最高レベルでの真の議題になっている。

二〇一五年に著名なシンクタンクの一つでワシントンにあるブルッキングス研究所が、貧困に関する討論会を主催し、そこに特別ゲストとしてバラク・オバマ大統領本人を招いた。そこでのテーマは『貧困、それは経済の問題か？　文化の問題か？』というものだった。ようするに、誰が貧困の責任者なのか、というものだった。貧困者たち自身がもっと働くべきなのか？　より良い選択をして、自分の将来に向けて努力すべきなのか？　それとも、彼らに、現状から脱け出すための雇用、資金、機会を与えられなかった、広い意味での社会全体に責任があるのか？　あの優れた思考集団の中でも、議論の実質はそのようなものにすぎないのだ！

格差の拡大と不公平な税制

いずれにしても、確実なことは、社会が貧困者のためにはますます少しのことしかできない仕組みになっているということだ。さらに全体を見れば、豊かではない一般の人々にとっても同様だ。貧困者の数が幾何級数的に増大している。彼らの状況がこれほど悲惨なことはかってなかったし、彼らの将来の展望がこれほど暗いこともなかった。

不平等の急増は一九七〇年代の末に始まっていた。しかし、二〇〇八年の金融危機の間とそれ以後に、不平等がその極に達した。二〇一二年にはアメリカの豊かではない人々、人口の九〇％が国の富の二三％を共有していた。その保有率は一九八〇年には三五％だった。この九〇％の人たちの所有する富の総額は人口の〇・一％である最大富裕者たちの保有する資産の総額とほとんど同じだ。

全体的に見て、一九八〇年から二〇一二年までの間に、アメリカの家庭の平均的な資産は年に一・九％ずつ増加した。しかし、実際には、アメリカ人の九〇％にとっては、所得の伸長はゼロだった。その富の増加分のすべては国民の一〇％の最も豊かな人々によって、特に悪名高い〇・一％の人々によって占有されていた。彼らは自分たちの資産が年に五・三％という桁はずれの高率で増大するのを見ていた。彼らはこれらの数字を無際限に倍増させていくことができる。

ある指標が他のすべての数字よりも説得力を持つ。経済政策研究所（Economic Policy Institute）によれば、一九六〇年代にはあるアメリカの社長は従業員の給料の約二〇倍を得ていた。それが一九八〇年代の初めには三〇倍となり、今日ではそれが三〇〇倍になっている。

このすでに富裕な人々のさらなる幾何級数的な富裕化は彼らの経済的な天才や世界市場での彼らの比類のない業績によるものばかりではない。そうではなく、そのことはなによりも、政府の行動に関わりを持っている。そしてそのことは自由企業と市場支配が原理であるこの国では全く矛盾しないことなのだ。

富裕者たちは、ようするに、政治権力によって課税から免れている。一九八〇年にはある夫婦は年収二一万五、〇〇〇ドルを超える部分についてはその七〇%が課税されていた。この額は二〇一五年の物価換算率では五四万四、〇〇〇ドルになる。ところが、二〇一六年には最高限界課税率は三九・六%だ。それはわけ、ジョージ・W・ブッシュ政権の下では三五%に過ぎなかった。現実には免税の仕組みによって、それはとりわけ、投資資本収益については非常に寛大なもので、最富裕層のアメリカ人たちは、全体として、二〇%以下の税率を適用されており、他方で、彼らが雇う従業員たちは給料の二五―三〇%を課税徴収されている。二〇一二年以来、誰もが知っていることだが、その年、億万長者のモルモン教徒、ミット・ロムニーが共和党の大統領候補になった。アメリカの民主主義的な慣行によって強要されて、納税申告書の公開を迫られた時、ロムニーは告白した。彼の課税率は一五%だった。その時、彼の女性秘書の課税率は二〇%以上だった。

アメリカの保守主義者たちは、「課税が起業精神と富の創造を圧殺する」と確言する。しかし、とりわけ彼らは税制による所得の再分配を正しいものとは思っていない。彼らは「重力による再分配」が良い、と思っている。「頂上に集められた富は常に結局は再降下し、社会の下層に散水することになる」と言うのだ。そのことの表現が水滴落下経済学（trickle down economics）だ。これは新しい理論ではないが、現在ほどその考えが推進されたことはなかった。この理論は「貧困に対する戦い」の名の下で、少数の人々の手中にますます増大する富の蓄積を正当化するという利点を与える。

富裕者たちを助けること、それは同時に、また過度に彼らの企業を助けることにもなる。何十もの大企業が常時、課税を免れている。二〇一一年に、「課税の公正のための市民たち」の団体や「課税制と経済政策の研究所」がアメリカの五〇〇の大企業のうちの二八〇社について調査をした。その結果、そのうちの七八社が、過去三年間のうちの少なくとも一年間は、一ドルの税金も払っていなかったと判明した。ボーイングは一〇〇億ドル近くの利益にもかかわらず、この三年間に納税額はゼロだった。ウエルズ・ファーゴ銀行では、一八〇億ドルの税控除を認められていた。

アメリカは聾唖でも盲目でもない。アメリカは前例のないほどのこの不平等の実態を意識している。この国の富裕層はますます富裕になり、貧困者はますます貧困になる。二〇一一年には「ウォール街占拠運動」や「九九％の人々の運動」が生まれた。ノーベル経済学賞のポール・クルーグマンのような知識人たちに先導されたあの運動は最富裕の一％の人々の手中にある富の蓄積を非難した。その運動は大都市の各所で見られた。ホワイトハウスの近くやウォール街のすぐ近くの広場を占拠したこの運動は自然発生のものだった。いささか無秩序で、リーダーも代弁者もいなかった。それは好感を与える群衆で、想像力があり、議論する力も備えていた。アメリカで何かが動き出す、と人々は思った。

選挙の時期になれば、候補者たちは皆、中流階級の人々に訴え、不平等の是正を選挙のテーマにする。候補者たちはそれぞれの方法でさらなる社会正義の実現を約束する。しかし、フランスでもアメリカでも同様に、選挙の公約はその約束の対象となる人々にのみ関わりのあるものだ。五年たってみると、あの「九九％

の運動」はその発生時と同様にどこからともなく生まれて、また同様に突然に消滅していった。そしてまたさまざまな不平等問題が選挙運動の中心になる。

万人に機会のある国か？

アメリカがこれほどひどい社会的不正義を受容するのは、アメリカが常に自らを、「機会のある国」として自認するからだろう。あの「アメリカン・ドリーム」が人々の演説や精神につきまとう。大統領候補者は全員が選挙民に約束する…「自分の努力で、自分のアメリカン・ドリームを実現するのだ」と。これは一つの固定観念だ。各人に約束されていることがあるとされる。すなわち、「人は、もしも必死に働けば、物質的な幸福、家、車、子供たちの教育を手に入れることができる、そして親の世代よりも良い生活ができる」という考えだ。このことの論理的帰結は、暗黙のうちにこう語る。「標準の生活に到達できなかった人たちは自分たちのチャンスを掴むことができなかったか、または掴むことを望まなかったのだ」と。

このような神話、今日それは一つの神話なのだが、それはその起源を一つの歴史上の現実の中に持っている。建国当時のアメリカ、その新しい国には、貴族も階級もなく、確かに、欧州の諸国よりも大きな社会的流動性を生み出していた。しかし、今では、あのアメリカの夢は一つの空虚なスローガンにすぎない…たとえいくつかの事例が人々に夢を抱かせ続けるとしても。

例えば、ボビー・マーフィー（二七歳）とエヴァン・シュピーゲル（二五歳）の場合がある。この二人はスマホ用の写真共用アプリのスナップチャットの創立者で、アメリカの最大資産保有者に属している。しかもシュピーゲルはアメリカでもっとも若い億万長者だ。しかし、何百万ものその他のアメリカの若者たちにとっては、現実は全く異なるものだ。その現実は過大債務だ。子供に教育の継続をさせるほどの裕福な親を持たなかったすべての若者たちにとっては借金こそが唯一の手段だ。

大学教育費の高騰と格差社会の固定化

アメリカでは大学の学費が急騰した。過去二五年間で四・四倍だ。公立大学の学費は現在年額一万ドルだ。私立の大手大学ではその年額はしばしば五万ドル前後だ。長期の専門職教育、医学教育費などは総額で五〇万ドル以上となる。

平均的なアメリカ人たちは結婚と同時に貯蓄を始め、まだ生まれていない子供たちの教育費に備える。このような準備にもかかわらず、アメリカ人学生の四人のうち三人までは借金に頼る。彼らは首まで借金に浸かった状態で社会人となる。そして彼らの内の一部の人々は彼らの子供たちが大学に入る番になってもまだ自分の借金の返済を続けている。このような学生の債務総額は二〇一五年一月一日の時点で、一兆一、六〇〇億ドルに達した。これはアメリカのクレジットカードの債務総額を上回るものだ。

このような学費の急騰は教育への国家の関与の不在が原因だ。しかし、それだけではない。大学相互間の競争もそのことに大いに関わりがある。最優秀な学生たちを惹きつけるためには、どの大学が最も贅沢な設備を提供するのか、という競争になる。最優秀な学生たちとは、すなわち、富裕な家族を持っているものたちであり、彼らの親たちが大学への寛大な寄付者となってくれるのだ。

著名な大学はダウ・ジョーンズのリストに載る企業の場合と同様に著名な企業経営者たちによって管理されている。二〇一三年までイエール大学の学長だったリチャード・レヴィンは八五〇万ドルの退職金をもらって退職した。彼が現役の時には年棒一〇〇万ドル以上を得ていた。グレゴリー・フェンヴェスは二〇一五年にテキサス州オースティンの州立大学の学長に指名された時、年俸一〇〇万ドルを提示されて衝撃を受け、七五万ドルで満足した。

高額の学費は国にとってさまざまな重い悪影響をもたらす。それは学生たちに、将来、最も良い報酬の得られる職業路線を選ばせることになる。弁護士や医師だ。その結果、その他の専門分野で国が緊急に必要としている、例えば、エンジニアなどの分野で人材が不足することになる。現在、アメリカの企業は国内でそのような分野での人材を確保できないため国外生産を余儀なくされている。さらに別の好ましくない結果がある。

万が一、政治家たちにそのような意思があるとしても、医療費、歯科治療費、外科治療費等の巨額の費用を引き下げることを望むことは幻想にすぎない。このことは、医師たちが大学時代に背負った借金の額によって大部分の説明がつく。

最終的に、そして特に、このような学費の高騰は既存の格差のある社会構造の再生産にとって有利に作用する。それはアメリカン・ドリームとは全く相反することだ。格差社会の再生産は今ではすべての他の先進諸国よりも、アメリカにおいて強固だ。多数の調査が数字に基づいてそのことを証明している。例えば、最貧困の下から二〇%の家庭に生まれた男子の四二%は成年に達した時もそのままの地位にとどまっている。このような成年時にも貧困に留まる比率はデンマークでは二〇%、イギリスでは三〇%だ。逆に、裕福な家庭の子弟は最高の大学に入り、そこで効率の良い人脈を作り、自分たちの親のレベルを超えようとして最高の給料を得て社会人となる。

金儲けと倫理観

金に対する愛着と財務上の成功を賞賛する傾向は時にはその限界に遭遇する。それでも、アメリカ人たちの非難を招くほどになるためには、人々は金儲けの誘惑に駆られてかなり先まで走らねばならない。しかし、そのような非難を招く事態もありうる。それがマーティン・シュクレリの事例だ。

彼は三〇代で、血色の好い顔だった。活気に満ちて頭がよく、一七歳でウォール街に入った。そこで出世の梯子をいくつも上り、一つのヘッジファンドを運営するようになった。彼は医療関連、薬学、バイオテクノロジーの分野を専門とした。特別の才能を持っていて、どの製薬会社が新しい分子の実験で失敗し、どの薬品が臨床実験や連邦政府の食品薬品管理局（ＦＤＡ）の審査に合格できないかを推定することができた。そこで、二〇一一年にシュクレリは一歩飛躍して、自分自身で製薬業に進出し、最初の会社レトロフィンを設立した。次に二〇一五年に二つ目の会社ツーリングを作った。

彼のビジネスモデルは単純だが効率の良いものだった。昔の薬品で、ほとんど知られていないもの、その販売量は小さくても、ある種類の奇病難病に向けた穴場市場（ニッチマーケット）では不可欠のものだった。一旦このような薬品が発売された後では、ほとんどの場合、大手の製薬会社は、そのような小さな特殊市場のためには後発品を開発しないのだった。そこで彼は信じがたいほどの比率で彼の薬品の値段を釣り上げた。それをまさに彼は二〇一五年に薬品ダラプリムの場合に行った。

この薬品は一九五三年に発明されたもので、トキソプラズマ症（新生児の場合には死に至る場合もある）、エイズ、その他、ガン患者のために処方されていた。シュクレリはこの薬品の製造会社、インパクスからその薬品の分子を買うために五、五〇〇万ドルを支払った。そして、その直後に彼はその薬品の値段を五〇倍以上にした。一三・五ドルから七五〇ドルに上げたのだ。

数日後に非難の声が上がった。患者や医者たちが動員された。薬品の価格の政府管理に常に反対していた政治家たちですらそのことに憤慨していた。新聞もそれに同調した。しかし、シュクレリは、自分が今回はいささかやり過ぎたということをなかなか理解しなかった。CBSテレビで彼はこう宣言した。「われわれはある程度の良い利益をうるために値段を上げたけれども、途方もない利益を得たわけではない」。アメリカにおいてすら、彼の方法は衝撃的であり、彼は売価を修正しなければならなかった。

彼は業界のチャンピオンであるヴァレアントの例から学ぶべきだった。このグループもまた売価の全般的なつり上げを行っていたが、やや控えめだった。二〇一五年の夏にヴァレアントは、例えば、ウィルソン病の治療に使われる薬キュプラミンの価格を四倍に釣り上げた。直ちに、すべてのその病気の患者が支払い不能となり、やがては破滅的な病状の結果に脅かされることになった。「それは大した問題ではない」と同社の社長マイケル・ピアソンは強気だった。「私はわが社の株主たちに対して、わが社の薬品のすべてから最大の利益を引き出す義務を負っている」と彼は釈明した。そしてその株主たちは、おそらく自分たちは決して病気にはならないと考えているのだろうが、その方針を承認した。同社の株の価格はウォール街で、五年間のうちに六倍になった。

このような無限の資産獲得競争は、最後には金持ちたちの一部の人を不安にさせる。その不安を彼らは表明する。このような資産獲得競争に、彼らなりの主義から懸念を抱く人たちがいる。ウォレン・バフェットやジョージ・ソロスだ。彼らの固有のビジネス界の領域では、彼らは長い間、好感の持てる例外的な存在だと仲間たちからみなされてきた。しかし、しばらく前から、他の、「古典的な」人たちがさまざまな動機からあの二人に同調している。しかもほとんどの場合、ようするに彼らの利益の防衛というよく知られたことが中心だ。

例えば、ポール・チューダー・ジョーンズ二世の場合だ。彼はウォール街に君臨する大御所たちの一人であり、その資産は五〇億ドルと推定されている。彼はあるＴＥＤの会議（Technology Entertainment and Design）で、こう説明した。「アメリカの上位一％とその他の人々との間の格差は持続できないし、また持続しないだろう」。そして彼の仲間たちに自分をよく理解させるために、彼はこう強調する。「このような状況は、歴史上、三つの方法によってのみ解決されてきた。すなわち、課税、戦争、革命だ」。

この最後の二つの事例は除外されるものと見えるので、あえて言うならば、すべての希望が課税に寄せられる。さらに必要なことは単に数人の億万長者たちではなく、大多数のアメリカ人たちが、この課税の必要性について強く認識することだ。またさらに必要なことは、その結果、全国民を一つに包括する国家というものが高貴な概念であるとして認知されることだ。

しかし、現在はその状態からはほど遠い。アメリカ人の多数にとって、国家とは依然として掠奪者であり、膨張して非効率だ。それゆえに、国家の経費と特権を削減することが妥当だと考える。

ある最近の調査で、ワシントンにあるＰＥＷ研究所はヨーロッパ人たちとアメリカ人たちに質問した。「貴方たちにとって最も重要なものは何ですか？　国家による干渉なしに人生で自分の固有の目的を追求する自由ですか？　それとも国家が誰をも困窮状態の中に放置しないということの保証ですか？」。アメリカでは調査対象者の五八％が自由を選び、三五％が貧困対策を選んだ。フランスでは回答者の六二％が貧困対策を選んだ。

第二章　アパラチア山脈の掘削

地下資源開発と地震の頻発

ロバート・ラッカートはまだあの衝撃から立ち直れないでいる。あの日の朝、彼らは彼の土地に、予告なしにやってきた。二台の小型トラック、一台の井戸掘り用トラック。彼らは彼の家から一五〇メートルほどのところに居座って仕事を始めた。シェールガスを探査するために井戸を掘るのだ。

彼の家は古い農家で、オクラホマの田舎の小さな土地だ。平凡な古ぼけたあばら家の周りの数ヘクタールほどの土地。しかし、それは彼の家だ。そしてそこには歴史がある。それは彼の両親のもので、その前には彼の祖父母のものだった。現在、ラッカートはもう農業で生計を立ててはいない。町で運転手をしている。そして彼はそこに住み、森や畑の中での生活を愛している。

彼は正直に話さねばならない。彼らが予告なしにやってきたと彼が言うことは全くの事実ではなかった。あの家は彼のもので、土地も彼のものだ。しかし、ここで人々がミネラルと呼ぶ、地下の鉱物は彼のものではない。地下は彼の持ちものではない。そのことをラッカートは知っている。あのミネラルの所有権者たちが地下の探査権を売ってしまったのだ。数ヶ月前に彼は手紙でそのことを知らされたが、特に関心を寄せていなかった。しかし、事が起きてからでは状況が違う。

それは二〇一一年一一月のことだった。マグニチュード五・七の地震だ。それはオクラホマの歴史上最大のものだった。それは長く続くことになる波状の地震の最初のものだった。大平原の中で地震に備えるべきなのか？　カリフォルニアならばそれは必要だが、オクラホマではどうか？

対策は必要だったようだ。地面にさまざまな亀裂ができた。あの地震で彼の家の半分は建て直しが必要となった。そしてまさに彼がその修復をしていた時に、ガス会社の連中があの装置を持って不意に現れたのだ。

彼らこそがあの地震の原因だったのではないのか？　正にシェールガスが原因だった。または正確にいえば、水の再注入用の井戸が原因だった。それはいささか複雑な話だったが、ラッカートは次第に理解し、困惑した。

この呪われたガスを抽出するためには水それも大量の水と化学剤を必要とした。その使用済みの水を業者たちは可能な限り循環させるが、その大部分は回収できない。そこで彼らは使用済みの水を廃棄するために非常な高圧をかけて、地下の堅い層にその水を注入する。そのことからすべての問題が生まれるのだ。この技法が採用されて以来、オクラホマでは地震が多発する。現在ではカリフォルニアでもより多く地震が発生している。その地震の大部分は震度の弱いものだが、すべてがそうではない。その証拠にラッカートの家の例がある。

ここ数年以来のうちに、アメリカの中心部全体が穴だらけになっている。西部の平原の一つが、砂地に潜って住むプレーリードッグに侵略されたようになったとも言えよう。南はテキサスから北はカナダの国境まで、行われているのは掘削、発掘で、夜間には多灯式の照明がつけられる。

ノースダコタ州の小さな町ウィリストンはこの新規産業の拠点だ。そこの市長は執務室の壁に彼の王国の地図を誇らしげに貼りつけて見せる。「ウィリストンの面積はこんなものだった」と彼は地図上の矩形を示しながら語る。それはしばしばアメリカの西部で見られるような区画で仕切られた一つの町だった。「それが今ではこうなっている」と彼は言う。確かに面積は二倍になっている。「われわれはここをすべて都市化するつもりだ」と彼は言う。現在、紙の上ではこの町は元の面積の四倍になっている。市長はいささか弁解がましく語る。誇大妄想的ではなく、むしろ事態に圧倒されている様子だった。

シェールガスの開発以前の二五年間、この町では新築の建物は無かった。しかし、二〇一〇年以来、この町の人口は三倍になった。作業に関わる男たちは男性キャンプというある種のプレハブ住宅の村に住んだ。そこには八メートル平米の個室、共同のトイレとシャワー、食堂がある。そこではアルコール、武器、女性は禁止だ。

この小さな町は、小型トラックや水、パイプ、井戸の掘削用の機材などを運ぶ大型トラックによる毎日の渋滞で悪戦苦闘している。そこに仕事を求める人たちはあらゆる所から押し寄せてくる。二〇〇八年の金融危機の犠牲者たちだ。そこの掘削作業で働けば高給が得られる。しかし、その町のウォルマートやマクドナルドで働く場合も同様に有利な報酬が得られる。その町ではこれら大手の店では時給二〇ドルを支給するが、ニューヨークやサンフランシスコでは一〇ドル以下だ。

あのシェールガスと石油がアメリカを狂気の沙汰に追い込んだ。それはすべての問題の解決となった。不況の解決や石油への依存の解決だ。二〇一五年以来、中近東の石油は再び豊富に流通するようになり、価格が再び下落した。ウィリストンの町では解雇が始まった。破砕方式による地下資源の採取が非常にコスト高になっていたのだ。しかし、その間にも業者たちはさらに深く掘っていた。その結果、景観を破壊し、地下水層を汚染し、地震を誘発した。

アメリカでは事態はこのようになる。いつでも何らかの新しいゴールドラッシュが起きれば、人々はすべての節度を失う。近年の選挙ではポスターやステッカーやTシャツの上にこの言葉が見られる。「石炭に賛成投票をしよう」(Vote for Coal)。何というスローガンなのか！　それは民主党の候補者たちを落選させるためだった。アパラチア地方の諸州では石炭の採掘が最も争点になっていた。特に、西バージニア州とペンシルベニア州で。

自然環境の破壊利用

そこではこの一〇年ほど前から、鉱業界が過激な方法を使っている。山を掘削するのだ。それは信じがたいことに見える。しかし、全く現実だ。ある鉱脈の存在が確認されれば、そして、それの開発のために最も収益性の高い方法が露天掘りならば、実は最もしばしばそれが事実なのだが、業界はようするに山の頂上を削り取るのだ。投資家たちは喜ぶ。また同様に作業員たちやこの業界で生活するすべての人たちも喜ぶ。そこで「石炭開発に賛成投票をしよう」ということになる。

このような近視眼的な論理はアメリカに固有のものではない。しかし、このように発展して来て、これほどしばしば他国によって手本と見なされてきたこの国の場合には、上のような例はわれわれを驚かす。

アメリカ人たちは自分たちの土地を節度なしに、天からの無限の賜り物として開発する。彼らは鉱山の開発のようなことを実践する。つまり、資源の再生や保存のことに無関心で鉱脈を根絶するまで開発するという方式だ。それはこの国の建国以来のことだった。最初の入植者たちが上陸した時には、それはほとんど最後の処女大陸だった。約一五〇万人のインディアンがミシシッピ川の東側に住んでいた。その川の向こうにはカリフォルニアの大平原までの地域に、四〇〇万から五〇〇万人のインディアンがいた。彼らの大部分は遊牧民か半遊牧民だった。狩りをしたり、植物を採取したり、漁業をしていた。農民もいたが少数派だった。農民たちは現在のアメリカ南部のプエブロ・インディアンのいくつかの村に定住している。

インディアンたちが環境に残した痕跡は極めて少ない。ほとんど測定不可能だ。アメリカは桃源郷の国だ、と言わねばならない。大平原には膨大な数の野牛、バイソンの群れ、少なくとも二、〇〇〇万頭が常にスー族、シャイアン族、オマハ族、コマンチ族のインディアンたちの存続を保証していたように見える。

そしていたるところで同様だった。その大陸は野禽獣肉、森林、水流を無限に再生した。今のアメリカ全体、さらに建国当時のアメリカ、東海岸の一三の入植地の時代は環境保全の面では怠慢だった。そこの土地は肥沃で、気候は温暖。地下資源は、まだ誰も知らなかったが、信じがたいほど豊かだった。一八世紀末にイギリスから入植者を募集するための募集要項の中でその新世界が次のように誇らしげに語られていた。「すべての種類の植物と果実がそこでは容易に、大型サイズで、大きな太さで手に入る」。

それは事実だった。そこでの農業生産高は欧州のそれを凌駕した。野生の動物と魚類の豊富なことが、計りしれないほどに蛋白質の摂取補給を可能にした。その結果は顕著だった。一八世紀末、独立戦争の当時、アメリカの入植者たちは欧州から上陸してきた敵兵たちよりも平均して七センチ背が高かった。大陸ではすべてが好適な条件だった。寿命が延び、子供の死亡率が下がった。

当時、欧州では一人の女性が産む平均六人の子供のうち、四人が成人に達する前に死亡していた。アメリカではその死亡率が下落していた。

「あのような豊かな自然に対しては寛大な人間性をもって対応しなければならない」と人々は考える。妄想のようにとりつく自分の生存という問題からほとんど解放されれば、人々は自分たちに最高の知性を適用することになるはずだ。しかし、その結果は不確定だ。現実にはそれとは全く逆のことが生まれている。

金銭欲、それこそがキーワードだ…あの大陸の征服からあのサブプライムの金融不況に至るまで。絶滅に瀕しているバイソンの例から削られるアパラチア山脈まで。理窟屋たちは、「どこでもいつもそうだったのだ」と反論するだろう。

しかし、必ずしもそうではないはずだ。この北ヨーロッパから来た住民たちの集合体アメリカの中には、われわれが形容できない何か特殊なもの、現代の人々よりも、政治的には正しくなく、先入観も持っていなかった初期のアメリカの観察者たちが見事に識別していた、何か特異なものがあるのだろう。

最初のアメリカ人批判

アメリカの実情について最初に怒りの声を上げたのはあるアメリカ人だった。彼はアルバート・ギャラティン。ジュネーブで生まれ、両親はフランスの哲学者ヴォルテールの友人だった。彼は最高の教育を受けた後、一七八〇年にボストンに上陸した。アメリカを創造することに魅せられたのだ。

彼はその国造りに熱心に参加する。連邦議会の議員となり、最初の憲法修正条項の共同起草者となり、歴代二代の大統領の下で財務長官を務めた。例えば、彼こそが一八〇三年のフランスからのルイジアナ買収の時に資金調達を完成させた人だった。従って、ギャラティンは新政府には全面的に協力したのだったが、同時にまた内部批判もする人物だった。この自立した国、そして彼がその建設に関わったこの国はしばしば彼を絶望させた。

彼がとりわけ容認できなかったことは、人種間の不平等だった。その不平等の名目によって人々は黒人を奴隷とし、インディアンを絶滅させた。「アングロサクソン人種の優越性に対する自負は無限の強欲さを隠蔽している」とギャラティンは書き残している（注—ギャラティンは一九世紀の前半にトクヴィルやボーモンと一緒に、アメリカのインディアンの実態の主要な調査団員の一人だった、Denys Delâge, *Les Cahiers des dix*, No. 66, 2012.）。

このような考察をしたのは彼だけではなかった。他にもたくさんいたのだ。これまでわれわれは、フランス人のお気に入りであるアメリカ贔屓の人物とみられていたアレクシス・ド・トクヴィルの考察事例から、あの新世界の民主主義国アメリカへの彼の称賛のみを好んで引用してきた。しかし、それではあの繊細な、啓蒙主義時代を継承する知性の人を矮小化することになる。彼はその小さな著作『砂漠での二週間』(*Quinze jours au désert*)、ある種のアメリカの辺境への旅行記の中で、アメリカ人の人物像の厳しい描写をしている。

彼は確言する。「アメリカ人は冷酷で粘り強く、冷徹な理窟屋だ。彼は土地に執着し、野生のものから剥奪できるすべてのものを奪う。彼は不断に野生のものと闘い、毎日、自然に帰属するものの一部を剥奪する」。トクヴィルにとっては、アメリカは「征服者たちの国であり、その国民は野性的な生活をすることに従い、決して穏健性によって引きずられることはない。…彼らは一つの考えのみしか持たず、富の獲得に向かって進む。富こそが彼らの仕事の唯一の目標だ」。

彼の旅仲間だったグスタヴ・ド・ボーモンは次のように直言する。「イギリス系のアメリカ人が富の冷酷な享受の方向に転向した」。

フランソワ・ルネ・ド・シャトブリアン自身は彼の『米国旅行記』(*Voyage en Amérique*)の中の最後に、彼を悩ましていた疑問を提起している。「結局、アメリカ人たちは完成された人間なのか?…商業主義の精神が彼らを支配しているのではないのか? 利益追求ということが彼らの間で主要な国民的欠陥になり始めているのではないのか?」。

誰でも、今日、このようなことを言う人は即時に否認されるだろう。「不当な発言だ! アメリカを戯画化している! 町の安カフェでの談義だ!」など。しかし、トクヴィルやシャトブリアンの観察の間に位置づけられるこのような巷の意見と呼ばれるものは現代の穏健派の大西洋主義者たち（米欧間の親善を維持する主義）のすべての集団にとっても考慮に値する。

金銭欲の名の下で、しかし、もちろん、そのことを決して公言せずに、アメリカ人たちはすべての原則から解放されてしまったのだ。

彼らの国、それを彼らは三つの柱の上に築いた。大陸の鉱物の開発、原住民の殺戮、それと奴隷制度だ。

確かに、当時は、欧州にも奴隷がいた。特にイギリスに、そしてフランス領のアンチル諸島にも。しかし、奴隷制廃止の思想は一世紀ほど前から進んでいた。ロシアですら一八六〇年に農奴制を廃止した。当時、アメリカはその歴史上最大の死傷者を出した南北戦争の中でその奴隷制度をめぐって国を二分する準備をしていた。

アメリカは欧州のさまざまな社会的重圧と決別して自らを建国した。「この国では、人の出自は問題にならない」とアメリカの国家ロマンが宣言する。

各人はそれぞれの機会を持ち、個人の資質と努力だけが重要なのだ、とされる。このことはインディアンには適用されなかったことをわれわれは知っている。黒人たちに対しても同様だ。アメリカで奴隷制が公式に廃止されるには一八六五年までと南北戦争の終結を待たねばならなかった。それでも続きがあった。南部の諸州では人種差別が一九六四年まで続いた。その大きな痕跡が今日でも続いていることを誰も否定できない。

このように現状の背景装置が設定されている。悲惨な状態が予想された。金銭欲に導かれた初期の入植者たちは、原住民を排除し、奴隷という無料の労働力を入手した。彼らはただそれを利用すればよかったのだ。

セオドア・ルーズベルトの環境保護政策

しかし、集団のイメージの中ではアメリカは常に最大の空間と壮麗な景観の国だ。それは一つの奇蹟であり、それは主としてある男、セオドア・ルーズベルトの功績だ。彼は一九〇一年から一九〇九年までアメリカ大統領だった（一九〇〇年に副大統領に選出された後、一九〇一年にマッキンレー大統領が暗殺されて、大統領に昇格。一九〇四年に大統領として新規に選出された）。

ルーズベルトは桁外れの男だった。政治家、作家、兵士、自然環境保護者。彼は青年時代の長い期間を東海岸のケベックとの国境の傍の壮大な深い森林地帯のアディロンダックスで過ごした。その後、妻の死去の後、彼は二年間、世間から隠遁して、ノースダコタ州の牧場で暮らした。当時、その地域は辺境で、野生の地だった。ルーズベルトはそこでまだほとんど未開拓の自然の中で牧場主の生活をした。彼は彼の流儀で自然を愛した。当時の男たちのための自然だ。彼は優れた狩人でもあった。

彼の政治家としての経歴の後に、ルーズベルトはアフリカに行き、そこから三、〇〇〇個の獲物の頭や角を持ち帰った。しかし、彼は自然景観、野生動物、植物や森林の保護の必要を意識していた。彼は一九〇三年に最初の野生動物保護地区を設定した。フロリダ州ペリカン島の野鳥の保護区だ。次に彼は国家森林保護局を創設した。いくつもの国営記念碑を発明した。その中からグランドキャニオンを含む十八の地区を指定し、そこでは鉱物資源の開発が禁じられた。また彼の功績で大きな国立公園がいくつもある。さらに彼は全国で水資源を連邦政府の管理下に置いた。

これらのいずれの政策についても、論争があった。ワシントンでは消極的な議会を説得する必要があった。保護対象の現地では、しばしば軍隊を派遣して自然保護の法令を順守させねばならなかった。しかし、彼がいなかったならば、アメリカ全体があの巨大なセコイアの森と同じ運命をたどることになっただろう。その森はポートランドからサンフランシスコまで太平洋岸に沿ってあるものだ。それは世界でも最も古く、また最も巨大なものだが、鉱山の支柱や鉄道の枕木に使われてしまった。この特異な森からは、今ではオレゴンとカリフォルニアの州境にわずかな一部が残っているだけで、その部分は奇跡的に産業開発と大衆向け観光産業から忘れ去られたものだ。

天然資源の乱費

もうすでに消滅してしまったものについて、われわれが想像することは困難だ。それは二〇〇年前にはほとんど未開発だった天然資源の恐るべき乱費だった。例えば、一八世紀の統計の例がある。東部海岸の北部の森に関するものだ。それによれば、一〇マイル平方（約二六キロ平方）の土地の中に二五万本の樹木、五頭の熊、二頭のピューマ、二匹の狼、三〇〇匹の狐、二〇〇羽の七面鳥、四〇〇匹の鹿がいた。

著名な自然派画家のジョン・オーデュボンは一九世紀の前半にミシシッピ川流域の辺境を駆け巡った。後に彼を著名にする水彩画を描くために、彼は野鳥を殺して見本にした。彼は友人の一人にこう書き送っている。「一日に一〇〇羽も殺していないのに鳥が少ない」。その後、多数の鳥はもはや美術館の絵の中にしか、見られなくなった。

入植者たちはすべての資源の最も無慈悲な利用を始めるまでに躊躇しなかった。カロライナでは一七一〇年以来、鹿は絶滅した。彼らは年間に一〇万枚以上の鹿の皮を輸出した。七面鳥は、現在はアメリカの家庭の最大のお祭りである感謝祭のシンボルだが、それももう少しで絶滅するところだった。

想像してみるがよい。一八三六年になってようやく最初の幌馬車隊がオレゴン街道を進んでいったのだ。それまでは、西部は事実上、未開発だった。何百万ヘクタールもの土地に対する囲い込みというものはまだなかった。無限に広がる平原で二、〇〇〇万頭の野牛バイソンが全く自由に移動捕食をしていた。それから五〇年後、二世代の間に、野牛は絶滅に近い状態となった。今ではワイオミングとモンタナの境界線の近くに数百頭が残るだけだ。これほどの殺戮が行われた地域開発の例が他にあるだろうか？　入植者たちはもう飽きるほど野牛を殺した。野牛の頭蓋骨の山が作られ、それが焼かれて粉砕されて肥料にされた。この破壊的な愚行はすべてのことに応用された。それは良識と知性に対する挑戦だが、その破壊的行為は続いていた。入植者たちはかっては土地とそこの資源を占有した。彼らの子孫は今日、同じことを破廉恥にも続け、自分たちの快適さを保持している。

過剰消費の国アメリカ

一人のアメリカ人は、一人のブラジル人よりも五倍、一人のインド人よりも一一倍のエネルギーを消費する。また一人のフランス人の二倍だ。それは完全に自動車に支配される生活様式の結果だ。アメリカでは一六歳から運転が許される。運転は事実上、不可欠だ。自動車なしには、人は何もできない。歩道がない、公共の交通機関が少ない。

理想的な中流の家庭にとって理想的な住宅とは三つのガレージがついていて、町から何十キロか離れている空間地の中にある住宅地区の中の家だ。アメリカ人たちはそのような場所を示す名前を発明した。エクサーブズ（exurbs）だ。それは従来のサバーブズ（suburbs）郊外住宅地に対抗するもので、サバーブズは町の中心からあまりに近すぎるというのだ。それは、無駄遣いに近い過剰消費に基づく生活様式の結果だ。

毎回のブラック・フライデイ、年に一度の大バーゲンセールの日、狂気のような群衆が巨大なショッピングセンターに押し寄せる。そこで、何台目かの無用なテレビを買ったり、決して着ないような衣服の山を買うために。このような悲しい伝統は、残念ながらフランスにも見られるものだが、アメリカではそれは一つのお祭りと見なされている。

買い物熱の機会は多数ある。コロンバスデイ(一〇月の第二日曜日)、ベテランズデイ(一一月一一日)など。それに匹敵するのはアップルの店の前の行列だ。何百人もの男女が一晩中でも店の前で並ぶ。毎回同社の幹部の一人が気楽な様子を見せて、ジーンズとTシャツで現れて、彼らが新しいスマホを買う必要があると説得する。さらにまた浪費との関連で言わねばならないことがある。廃棄される食料のことだ。それは生産量の約四割を占める。そのほかに過剰な包装、自動車の最新モデル、バスケットシューズ、ワイファイ用のヘッドホンなどの購買の強制だ。

このような過剰消費を支えるためにはアパラチア山脈をさらにさらに削らねばならない。しかし、今後は、ますます人々の説得が必要になる。あちこちで気難しい人たちがお祭りに反対するからだ。一九六〇年代にタバコが健康に有害だと主張していた人たちのような連中がそこにいる。たばこ業界は三〇年間、彼らを沈黙させることに成功した。

地球温暖化論の否定

今回は、タバコの有害論の代わりに気候の温暖化が話題となる。最初の反応はそれの否定だ。次の段階では、否定が困難となれば、化石エネルギー関連の圧力団体が、「温暖化の原因は人間の活動によるものだ」との論拠に異論を唱える。しかし、これらの高級な方法は石油や石炭の巨大企業の考え方とは整合しない。大企業は「より簡単で、より効果的な方法を見つけた」と少なくとも思っている。その方法は過激だ。それは、どこでも可能な場所では、ようするに、その議論を禁止するということだ。人がそれについて議論しない物事は存在しないということになる。確かにその通りだ。

悪弊はその根源で対処されねばならない。学校から始めねばならない。西バージニア州は石炭の大生産地だ。同州では学校の教科の中に、「地球の温暖化は逆転可能であり、温暖化はいずれの場合でも人間の活動とは無縁だ」という考えを挿入した。これはうまい方式だ。しかし、それはいささか控え目でもある。テキサスでは人々は西バージニアよりも強気なので、教科書では全面的に地球温暖化を否定することになった。その論拠として、テキサスの人たちは超保守的なシンクタンク、ハートランド研究所の研究に依存した。その研究テーマが非常に重要なものだったので、同研究所は一つの専門部門を設立した。「気候及び環境政策に関するセンター」だ。

同研究所はいつも歴史上の不快な主体の側に立ってきた。一九九〇年代には、例えば、タバコの有害性を否定するには時期遅れだったにもかかわらず、同研究所はタバコ会社のフィリップ・モーリスの側に立ち、受動的喫煙障害というものは存在しないことを証明しようと試みた。現在、『ニューヨーク・タイムズ』によれば、同研究所は気候温暖化に対して疑義を抱いた最初の機関であり、また『エコノミスト』誌によれば、同研究所はその疑義の立場に立つ、世界で最初の機関だった。このセンターの刊行物は人々を驚愕させる。そこの刊行物は次の三つの総論を主軸としている。

「気候の変化は災害的なものではなく、それは有益なものですらありうる。それは人間が起こしたものではなく、自然発生だ。温暖化対策の経済コストは、その対策から得られるような利点をはるかに上回るだろう」。

結局、このシンクタンクがテキサスの生徒たちに良いお話しを伝える責任を負うことになる。後に、そこの生徒たちは『ウォルストリート・ジャーナル』を読んでも驚かないだろう。同紙は決して気候温暖化の問題を取り上げないか、またはその問題をあのシンクタンクと同様に否定するのだから。

生徒たちはまた地元の国会議員たちと意見を異にしない。共和党の上院議員の七割までもが公然と温暖化問題には懐疑的だ。そのことでもあまり驚くには当たらない。この二〇年以来、ガス業界、石油業界、石炭業界が毎回の選挙運動に巨額の資金を提供しているのだ。これらの業界は例えば、リック・スコットがフロリダの知事になるのを助けた。彼の最初の政策決定の一つは同州の環境庁の役人たちが「気候の変化」、「世界の温暖化」という表現を使用することを禁止したことだった。

第三章　売りに出されるインディアン虐殺の記念地区ウーンデド・ニー（Wounded Knee）

事件の概要

最も危険なこと、それは（アメリカ人たちが）立ち止まることなしに突き進むことだ。その場所は最寄りのラピッド・シティの空港から車で二時間の所で左側にある。カーブしたところだ。そこには何も標識のない駐車場が一つある。窪地には木材で作られた粗雑な陳列台があり、ほとんどがいつも空だ。そこの駐車場には色あせた掲示板があり、赤地の背景の上に白い文字が並んでいるが、判読に苦労する。その大意は、そこで昔起きたことを要約している。つまりある虐殺事件、ウーンデド・ニーの事件のことだ。まさにこの場所で西部の征服が完了し、そこで西部劇の最後のエピソードが演じられたのだ。そして、そこでようやくインディアンとの戦争が終わったのだ。

その場所でわれわれを案内してくれたインディアンのガイドはハロルド・ビア（Harold Bia）という名前だった。ラコタ語（Lakota）を話すスー族のインディアンにしては奇妙な名前だ。ビアはまさに連邦政府インディアン問題管理局（Bureau of Indian Affairs; BIA）の略語だ。これですべての説明がつく。このBiaという名前は、虐殺や追放によって近親関係が不明になってしまったすべてのインディアンに政府が与えた名前だった。そしてこの名前はここのパイン・リッジのインディアン指定居住地区でも、他のすべての同様地区でも同様に見られるものだ。

そこには石碑も墓石もない。標識の向こうに空き地があり、雑草が広がっている。道路の反対側に小さな丘があり、その頂点にカトリックの教会が一つ、墓地に囲まれている。 あの場面を想像するには苦労する。時は一八九〇年一二月二九日、猛烈に寒い日。現在の駐車場や陳列台のある場所がスー族の集落だった。彼らは三五〇〇人ほどで、その内のせいぜい一〇〇人ほどが男だった。酋長の名前はビッグ・フットだ。

その地域ではこの数ヶ月間、紛争が絶えなかった。ビッグ・フットと彼の一族にはなんら非難されるべき原因がなかったにもかかわらず、前日の一二月二八日、彼らは連邦軍第七騎兵隊のウィットサイド少佐からの命令を受け取った。それは、その場所に騎兵隊の宿営地を作るというものだった。翌日、二九日、一〇〇人のインディアンの戦士たちは彼らの武器を騎兵隊に引き渡すことも要求されていた。

ビッグ・フットはその命令を受け入れた。彼は諦念をもった高齢の酋長として、歴史の風が彼の一族にとって不利な方向に吹くようになっていることを知っていた。彼は部落の中心に白旗を掲げた。

当日、早朝から武器の引き渡しが始まった。二丁の古い小銃が引き渡された。インディアンたちがさらに何丁かを隠そうとしていたことが疑われた。事態は兵士たちの望むような早いペースでは進まず、兵士たちは苛立ち、テントを捜索し、引き倒し、そこで見つけたあらゆるものを略奪した。インディアンたちは激怒した。その内の一人の若者、彼の名前は歴史上で残されていないが、彼が短銃を出して兵士の一人を撃ち倒した。

その続きは周知のことだ。現在あの教会と墓地の立っている丘の上に、指揮官のフォーサイス大佐が四台のホチキス型機関銃を据えつけた。

それは大殺戮だった。インディアンの宿営地は粉砕された。男、女、子供、そして数人の騎兵隊員も仲間からの銃撃に倒れた。このことは大惨劇以外の何物でもない。しかし、それだけでは済まなかった。その日、兵士たちの怒りはさらに広がった。憎悪と恐怖によって自制を失った兵士たちは生き残ったインディアンを追いかけた。彼らの遺体、女、子供の遺体は半マイル、一キロ半の半径の範囲に見いだされた。藪の中に隠れていたものは引きずり出されてとどめを刺された。

機関銃が発砲したあの丘の上に、騎兵隊は共同の埋葬用の壕を掘り、約三五〇の遺体をそこに投げ込んだ。その正確な数は不明だ。

現在、その事件の場所の土地が売りに出されている。その土地の所有者は青白い顔色の人物で、売価として数百万ドルを要求していた。そこの面積は数十ヘクタールだ。彼はその場所が収益性の高い観光用のビジネス企画に使えると信じていた。しかし、彼には成功の見込みはない。誰も彼を相手にしていないのだ。

あの虐殺の数週間後、一八九一年に、連邦政府は公式に「フロンティア」の終焉を宣言した。征服は完了した。それはある種のアメリカ、広大な空間と自由なインディアンたちの最後の集団のいたアメリカの終焉だった。

初期の入植者たちとインディアンとの交流

一七世紀の初めに最初の入植者たちが、後のメリーランドとバージニアの海岸と呼ばれるようになる地域に上陸した時、その国は空の土地ではなかった。それよりも数千年前にアジアから渡ってきていた原住民がそこで平和に暮らしていた。

チェサピーク湾の周りにはアルゴンキン族とサスケハナ族、それと特にポワタン族が住んでいた。今では誰でもポワタン族のポカホンタスをめぐるさまざまなでき事のことを知っている。

インディアンたちの数は多かった。少なくとも二万五、〇〇〇人から三万人ほどが二〇〇以上の村に住んでいた。彼らは当然に狩りをしたり、魚を取ったりしたが、農業も行い、社会的・政治的に洗練された一つの共同社会を作っていた。そのことはあの悪名高いイギリス人の探検家ジョン・スミス大尉をして、インディアン政府の形態は君主制だ、と言わしめたほどだった。

入植者たちとインディアンとの最初の接触は必ずしも悪いものではなかった。いずれにしても、インディアンたちは白人たちを全滅させる機会を何千回も持っていただろう。彼らはそれをしなかっただけでなく、白人たちを助け、何度も彼らの命を救った。アメリカ人たちは感謝祭のたびにそのことを思い出すべきなのだが、彼らの集団の記憶にはそのことは残されていない。そして、奇妙なことに、話しは逆になり、白人たちがインディアンを寛大に扱ったのだと白人たちは思い込まされている。

入植者たちが到着した時、北米には七〇〇万人から一、〇〇〇万人のインディアンがいたと推定される。入植は一六〇七年にバージニアで始まり、次は一六二〇年にメリーランドに到着した。いくつかの集団で散開し、少数だった。しかし、主として農民が多かったので、何としても土地の確保が必要だった。そして間もなく、入殖地の数が増えるにつれて、土地の占拠がインディアンには有害な方式でなされるようになり、インディアンはますます遠くに追いやられた。

一七五五年に、最初の一三の入植地の総人口は一〇〇万人だった。それが一七九〇年には四〇〇万人になった。さらに一八三〇年には一、三〇〇万人、一八九〇年、あのウーンデド・ニーの事件の年には六、三〇〇万人になった。

東海岸のインディアンから彼らの土地を奪うことには障害が不可避だった。しかし、土地の収奪は常に意識的になされた。入植者側の想定では、インディアンは農民ではなく、遊牧民だった。そしてインディアンの畑が無限に広がっていて、そこで働くのが女性たちだったのだが、入植者たちはそこの農業の伝統的な方式を認識せず、そこの土地は処女地で自由に取得できるものと考えていた。確かに、インディアンの土地の多くは放棄されていた。そこに住んでいたインディアンの多くは欧州から媒介された病原菌で全滅していた。インディアンは動物の飼育を行わず、欧州の農民のように、病気、特に天然痘に対する免疫抵抗力を持っていなかったのだ。

インディアンたちは次第にミシシッピ川の両岸の方に追い込まれて行った。一九世紀の初めには彼らのうちの大部分がその川を渡って、その西側に定住した。

しかし、それだけでは不十分だった。一八三〇年にジャクソン大統領がインディアン排除法に署名した。それはインディアン追放の公式文書だった。インディアン側からの抵抗は特に南部地方で強いものとなった。そこには、現在でも、アメリカ人たちが「五つの文明化された部族」と呼ぶ部族が定住していた。すなわち、現在のジョージア州、南北両カロライナ州、テネシー州、ケンタッキー州の土地に住んでいた、チェロキー族、ジョージアとアラバマにいたクリーク族、ミシシッピとアラバマにいたチョクトー族とチカソー族、そしてフロリダに住んでいたセミノール族などだ。

なぜこれらの部族は「文明化された」と形容されたのだろうか？　その理由は彼らがいささか入植者たちと似ていたからだ。彼らは土地の私有権を実践していた。農作は男性の仕事で、女性の仕事ではなかった。農業は収益を生み、それが市場を豊かにした…などだ。これらの五つの部族の中でもチェロキー族が最も入植者たちに類似していた。彼らは一つの憲法を持っていた。彼らは自分たちの言語をラテン語のアルファベットで表記していた。彼らはチェロキー語と英語の二言語の新聞を発行し、学校を持っていた。

しかし、（白人たちとの関係では）それだけでは無意味だった。彼らは土地を明け渡さなければならなかった。ジャクソン大統領は悪ふざけをする人物ではなく、昔型の開拓者だった。軍人として一八一二年から一八一四年の対英戦争の期間にクリーク族やセミノール族と戦ったことがあった。彼は一八三〇年に容易に議会を説得して、彼のインディアン排除法を成立させた。それに対してチェロキー族は最高裁にまで提訴して抵抗した。すでに秀れた不実と偽善の国となっていたアメリカの民主主義制度は彼らの提訴を受理し、主張を聴いたが、当然ながら、最後にはその訴えを却下して、彼らを追放したのだった。

フロリダのホウマ族のように一部のインディアンはまだ残っていたルイジアナのバイユー地方に逃げ込んだ。彼らは毛皮専門のフランス人猟師たちとの緊密な交流で使用していたフランス語も持ち込んだ。現在でも老世代のホウマ族は一言も英語を話さず、フランス語のエビを意味するつもりの「シェヴレット」と彼らが呼んでいるものの漁から得られる売り上げをカナダドルで計算する。

しかし、大部分のインディアンにとっては、その後に起きたことは「涙の街道」(The Trail of Tears)と呼ばれるものだった。何千キロもの道を最悪の条件のもとで歩行させられ、少なくとも三分の一が途中で死滅した。

生存者たちは、当時の地図が「未開の地帯」と名づけていた地域に放逐された。西部の大平原の中にだ。それは白人の入植者たちにとっては「砂漠」の意味であって、無味乾燥の荒野で、当時は誰も望まぬ土地だった。インディアンたちはそこで彼らだけで何とかしのいでいくほかはなかった。そこでなら、彼らは安心できることになっていた。しかし、それは長くは続かなかった。

西部開拓の始まり

一八三六年に開拓者たちの最初の集団が大平原に侵入した。せいぜい一〇〇人ほどで、何十台かの幌馬車が運んだ。彼らがオレゴン街道を創設した。彼らの考えではあの広大な平原でぐずぐず留まらないで、早くそこを通過することが先決だった。ほとんど樹木のない大平原は居住に適しないものとして知られていた。そこにはインディアンが住んでいた。白人たちはインディアンのことを何も知らなかったが、基本的には恐れていた。

一八一九年にステファン・ロング少佐が同地に先導した遠征部隊はそこが「偉大なアメリカの砂漠で、入植には決定的に不適だ」と宣言した。

大平原にいたインディアンにとっては、そこが一つの天与の授かりもので、息抜きの場だった。そこで彼らはその後の数十年間、従来通りの方式で生活することができた。すなわち、無限の空間の中で、野牛の移動のリズムに合わせて。

野牛の数の推定値はさまざまだ。しかし、平均して二、〇〇〇万頭がいたようだ。野牛の群れは巨大で、ごく稀にその地方を旅する人たちの伝えるところでは、一日中馬に乗って進んでいても集まった野牛の群列の末尾を見ることはできなかったほどだった。

一八三六年、すなわち最初の幌馬車隊の進出後、数年間の内に他の開拓者たちもオレゴン街道を進んで行った。それは最初の幌馬車隊とほとんど同じで少数だった。突然の新展開が一八四八年に起きた。その年、ブリガム・ヤングが仲間のモルモン教徒たちを先導してあの約束の地に到着した。彼らはその一夫多妻主義の故に迫害されていた場所、イリノイやミズーリから逃れるため、オレゴン街道に向かったのだった。彼らはソールトレーク・シティを創った。それは現在のユタ州にある。何万人もの入植者と何千台もの幌馬車が大平原を横断した。その同じ年にゴールドラッシュが始まった。それがインディアンにとっては致命的となった。オレゴン街道の上に無限に続く幌馬車が、つい一二年前には全くの処女地だった平原の眺望を遮断した。

インディアンたちとの衝突は不可避だった。大平原は数年前にはまだ砂漠とみなされていて、入植には障害となっていた。一八三〇年に白人たちはインディアンをそこに追放した。自分たちから離れた場所で生活させるためだ。しかし、今となっては、その場所にいても、インディアンは白人たちにとって邪魔だった。そこで、インディアンの数を減らすことが、白人たちの安全を確保し、西部開拓のための不断の交通の流れを確保するために好都合となった。インディアンの運命は四〇年の間に閉ざされることになった。せいぜい二世代の内に、それまで千年も続いてきた一つの文明が消滅した。

どのようにして、そんなことが起きたのか？　あの大量殺戮と人種殺戮をどのようにして正当化するのか？

スペインによる中南米支配との比較

注目すべきことがある。一九世紀のアメリカは一六世紀のスペインほど真剣に人種問題については疑問を抱くことがなかった。一五四二年にスペイン国王のカルロス五世が南米のインディアンを保護した。彼は奴隷制を禁じ、彼らを人道的に、自由な人間として扱うように命じた。さらに国王は政策を進めた。入植を中止し、制度化された現地の征服の正当性について自問した。それがあの「バリャドリドの論争」(*Controverse de Valladolid*) として知られることになるあの大論争だ。

「インディアンを強制的に改宗させるべきか？」「軍事征服と支配によるべきか、それとも平和的で模範的な入植によるべきか？」。注目すべきは、当時（一六世紀）最先進社会だったスペインが、どれほど深く、また必須のこととして、諸文明の相対的な価値について自問していたのか、ということだ。ラス・カサスはトーマス・アクイナスの説を引用して、さまざまな文明は異教徒のものもキリスト教徒のものも、対等な尊厳に値するのではないか？　と問うた。あるいはセプルベダが説くように、インディアンは彼ら自身の幸福のために、彼らから人肉食や人身御供の慣習を止めさせるために監視されるべきか？

この論争は一五五〇年から一五五一年まで二年間にわたって続いた。勝敗はつかなかった。しかし、強硬派、人種殺戮の支持派は勝利しなかった。政府は大地主たちの圧力に屈しなかった。大地主たちにとってはこの自問自答の提起それ自体がすでに耐えられないものとなっていたのだった。当時の時代の偉大さだ。そこでは、知的方法を備えたエリートたちが最も基本的な問題提起をしていたのだった。

それから三世紀後には進歩というものが猛威をふるい、アメリカ人たちはスペイン人たちよりもはるかに単純に物事を処理した。経済的利益が優先した。「もはや哲学などに耽る時代ではない」というのだった。アメリカ人たちはまず、野牛を絶滅させ、大平原を焼き払い、天然痘菌で汚染された布をインディアンの部落に投げ込み、兵士たちには徹底的に攻撃させた。

しかし、それらのすべてのことには最小の偽装が必要だった。全くアングロサクソン的な秩序の愛好と道徳的な厳格さが状況の正当化を求めた…たとえ最悪の状況でも。ウーンデドニーからグアンタナモのイラク兵捕虜収容所の例に至るまで、それは一つの定番だった。すべては常に形式に添って、合法的に行われる。完璧だ…法と自由と民主主義の名のもとに。

これに関連するいくつかの議論がある。アダム・スミスと彼の悪名高い「人類の年代」の理論によれば、インディアンは子供と見なされ、大人とは当然に白人入植者だ。インディアンは劣位の発達段階にあり、狩猟や漁業を行う。最上にあるのは商業のできる年代を指す。この説は異常というよりはむしろ虚偽だ。

しかし、虐殺され、追放されて、農民のインディアンだったチェロキー族と彼らの二言語の日記はもはや彼らの存在の影を伝えるものにすぎない。そしてインディアンの劣等性について説得されなかった人々に向けて、当時の科学だった人類起源多元説や頭蓋骨学が測定器を示して、「すべての人種は平等ではなく、まさにインディアンは劣等だ」と確認していた。

いかなる事情があっても、これらの「幼稚な輩たち」には当然ながらいっさいの権利を認定することはできない、と白人たちは言うのだった。このような一九世紀半ばの理論は一〇〇年以上も根強く続いた。アメリカの市民権はインディアンに一九二四年に初めて与えられた。そして、彼らが被保護児童のように扱われなくなり、最終的には他のアメリカ人たちと同じ権利を持つには一九五三年まで待たねばならなかった。

それゆえに、昔は、彼らは白人たちに服従し、土地を明け渡さねばならなかった。白人入植者たちの人口増加の圧力と土地の必要性が高まるにつれて、インディアンとのいかなる協定も維持できなくなった。インディアンたちが立ち退かなかった場合には、力づくで追い払うか、あるいは殺した。インディアンの占有していた土地には如何なる私有権も認められなかった。金銭による土地の取引があった場合、それは土地の用益権についての弁償であるとされて、決して土地の所有権に関するものではなかった。土地の所有権が彼らに与えられるのは一九三〇年代になってのことだった。

西部開拓時代の末期に、インディアンは最悪の状態におかれていた。彼らの人口はせいぜい三〇万人程度になっていた。

ヨーロッパ人たちによる北米の征服とそこへの入植は、今にして思えば、全員の利益になるような方法で実現しえたはずだった。しかし、実際にはそうではなかった。入植者たちの強欲と彼らの人種差別主義が、一つの民族を絶滅の淵に追いやり、一つの文明を破壊した。

このような状況の中ではインディアンたちが常にアメリカという国に敵意を抱いていたとしても、どうして驚くことができようか？　彼らは力の限り入植者たちの進出に抵抗した。彼らは最初はイギリス人に対抗してフランス人と連携した。次にアメリカの〝独立革命家たち〟に対抗してイギリス人と連携した。

インディアンとフランス

一七六〇年まで、そして七年戦争でのイギリスに対するフランスの敗北まで、インディアンの大部族のほとんどはフランス側についていた。

フランス人の移住は少数で、インディアンにとっては脅威ではなかった。フランス人入植者たちはとりわけ男性が主であり、彼らはインディアンの女性を娶り、多少ともインディアンの生活様式に適応していった。一七六三年のパリ条約による、カナダの全フランス領のイギリスへの割譲はインディアンにとっては恐ろしい知らせだった。酋長のオタワ・ポンティアックの指令の下に、彼らはイギリス人との戦争に向かい、デトロイトを包囲した。

イギリス王ジョージ三世はアメリカ大陸の問題を解決することを決心した。一七六三年の彼の宣言により、彼はアメリカの領土を事実上インディアンとの間に分有した。彼はすでに獲得した領土の部分をよりよく発展させるために、入植を制限した。その結果、すべての新規入植がアレガニー山脈以西では停止され、そこではすべての土地の購入が禁止された。そこから先はインディアンの領地となるというのだった。この決定は歴史の様相を変えることができるようなものだった。しかし、その決定はすでにあまりに遅すぎた。

入植者たちはインディアンとフランス人とを相手にして戦った…あの広大な土地の権利を確保するために。入植者たちには、あの広大な土地が自分たちから取り返されることなどは考えられなかった。あの国王の宣言がアメリカ革命の開始と独立への前進にとってどれほど決定的な影響を与えたかについては、決して十分に語り尽くされることはないだろう。アメリカはイギリス本国の権力に対して、と同時にインディアンにも対抗して自らを建国したのだ。これらの二つの要素は分離できるものではない。

インディアンたちはアメリカの建国が自分たちの滅亡を招くことを常に知っていたようだった。現在でも彼らは依然として規定通りの行動をしないで、善意の観察者をしばしば絶望させる。あたかも彼らは現実の世界におらず、何事も彼らの興味を惹かないように見える。あたかもある失われた過去の中に永久に自らを凍結したかのようだ。

連邦政府がウーンデド・ニーに国立公園を設立する案を提示した時に、インディアンたちは拒否して、こう語った。「貴方達はあそこではあのように十分にしたいことをしたのだ」。そしてあそこで何をしたいのかと尋ねられると、彼らの無気力な答えは「何もない」だった。そして彼らは一言、こうつけ加えた。「あのままに放っておいてください」。

インディアンの殲滅はすべての人を無関心のままにおいたわけではなかった。当時もアメリカ国内では非難の声が上がった。入植者の中でも、クェーカー教徒たちは広い人道主義を示していた。フランス人旅行者たちはインディアンの境遇に驚かされた。一八三一年五月から一八三二年二月まで、アレクシス・ド・トクヴィルとグスタブ・ド・ボーモンが北アメリカの調査を行った。間もなく彼らがそこで見たことは、あの若い共和国アメリカの偉大さを成していた自由と民主主義は確かに存在していたが、それはただ白人社会のみのためのものだった。彼らが遺憾に思ったことは、この建国の実験が「二つの不幸な人種」と彼らが呼んだ黒人とインディアンを犠牲にして進められたことだった。確かに、あの二人のフランス人たちはアダム・スミスの「人類の年代説」を受け入れるものではなかった。アメリカ国内とカナダ内にいるインディアンたちの運命を比較して、二人は、アメリカ人の入植者にとってはあまりほめ言葉にならない結論を引き出し、アメリカ人入植者の強欲と冷酷さについて一貫して非難している。

インディアンたちに課される運命は二人のフランス人を驚愕させ、彼らはインディアンが「死滅する運命にある」と考えた。彼らはインディアンを探し、絶滅して、手遅れになる前にインディアンに会いたいと思った。トクヴィルは彼の旅行記『砂漠での二週間』の中で、こう書き残している。「われわれは原住民の痕跡の上を歩いていたようだった。インディアンたちは、〝一〇年前に自分たちはここにいた。五年前にはあそこにいた。ここでイロコイ族の大会議が開かれた〟などと語った。それでは今は彼らはどうなったのか？ と私は自問した。インディアンは滅びゆく民族だ。彼らは文明には適応できず、自らを滅ぼしている」。そして、トクヴィルはアメリカについてこう結論する。「これほど教養のある、慎み深い、品位と美徳を過度に教示するようなこのアメリカの社会の真ん中で、われわれは、原住民のことについては完全な無感覚、冷酷で手に負えないエゴイズムに遭遇する」。

知られざるインディアンの歴史

今日、アメリカ人たちはこれらのすべてのことのうち、何を知っているのだろうか？ ここで概要を省察したこの歴史については、何を教えられてきたのだろうか？　あまりにも少しのことだけだ。二つのエピソードがアメリカ人の歴史家につきまとい、学校の教科書を埋めている。独立戦争と、特に南北戦争だ。しかし、アメリカの建国以前の事象は省略されている。

確かに、そこにはさまざまなインディアンがいた。彼らは白人によるあの大陸の「探求」と控え目に呼ばれているあの時期には部族間で生活様式が異なっていた。彼らは大いに「苦しんだ」（と中学生用の教科書には明記されている）。そして感謝祭は楽しく演出され、入植者たちがインディアンに食物を提供する場面となっている。しかし、それはインディアンたちが、それ以前に入植者たちを飢餓から救ったことへの白人たちからの返礼だったことを正確には伝えていない。

相対的に、過去の歴史についての無知が広がっていて、無関心となっている。アメリカの教育制度は一般教養を重視しない。この不都合な歴史は葬り去られ、現在ではそれを思い出させるものは何もないので、それに関する好奇心も消滅していく。

驚いたことに、ワシントンの町にインディアン博物館ができるまでには二〇〇四年まで待たなければならなかった。それまではあの連邦政府の所在地には原住民の文化を思い出させる場所はどこにもなかった。そのインディアン博物館は市内のモールに場所を見つけた。そこには一八四六年以来、スミソニアン財団がいくつかの最も美しい博物館を作った。それは芸術、科学、宇宙旅行、歴史などに関する展示場だ。しかし、その設立当時、誰もあの大陸の原住民のことを考えなかった。あの新設のインディアン博物館の場所は失望させる。あまり意味のないコンクリートの建物だ。内部は博物館というよりは商店のアーケードのようだ。アラスカから南米の最南端までのすべてが混在している。そこではほとんど何もインディアンのことについては学べない。

インディアンのための記憶の真の場所はない。インディアンの歴史のことは学校教科の課程の中にもほんの少ししか扱われていない。テレビでは全く扱われない。インディアンに歴史上のある地位を与えるような番組のシリーズやドキュメンタリー番組は何もない。物事の割り当て制度は彼らにまでは適用されない。彼らのドラマは大衆向けのシナリオライターには示唆を与えてこなかった。

ハリウッドもテレビ業界もあらゆるテーマを何でも扱う。モンスター、奴隷制度、宇宙征服、『デスパレートな妻たち』(*Desperate Housewives*)、悪人たち、テロリストとの戦い、など。しかし、インディアンやあの殺戮に関するものは絶対に何もない(たぶん、例外は『ダンシング・ウイズ・ウルブズ』(*Dance with the Wolves*)だが、あの映画の主人公は白人だ)。アメリカの視聴覚産業の主流派の作品の中には、文学作品でも、芸術ものでも、インディアンのただ一人の象徴的人物もまたそのような人物への言及も出てこない。空白による否認主義だ。しかし、「そこには何も起きなかったのだ」とは言えない。ただ、ようするに、今は何も語らないということなのだ!

一九世の末には彼らの歴史上最悪の時期で、インディアンの人口は三〇万人に減っていた。それが現在では四〇〇万人近くになり、全人口の約一%だ。連邦政府は五六六の部族を認定し、インディアン問題管理局は依然として存在している!

確かに、何人かのインディアンは成功した。弁護士、ジャーナリスト、医師など。そして、一九八〇年にある法律がインディアンの指定居住地にカジノを開くことを認可して以来、いくつかの部族は明らかにたくさんの金を稼いだ。現在、カジノは一五〇箇所にある。インディアンたちは収入源となるカジノを「新種の野牛」と呼ぶ。

しかし、全体的に、彼らの状況は依然として劇的なものだ…とりわけ、指定居住地では。そこでは失業率は常に七〇から八〇%。犯罪の発生は全国平均よりも二、三倍だ。自殺率も全国平均より高い。彼らの寿命はほとんど五〇歳以上にはならない。

インディアンの問題は、今日、完全に解決されたことになっている、しかも最も過激な方法によって。西部の征服から一二〇年が過ぎて、インディアンたちはもう存在しないことになっている。彼らはもはや問題になっていない。西部の景観の小さな一部の構成要素にすらなっていない。

選挙の時に、インディアンのために投じられる票はない。どの候補者もインディアンには呼び掛けない。候補者たちはアパラチア山脈の鉱夫たち、中南米からの移民や、性転換者には気配りするが、インディアンのためには一分も浪費しない。インディアンの悲惨な状態、貧窮は自分たち自身に向けた暴力へと転換される。アルコール中毒と犯罪だ。しかし、何事も彼らの指定居住地の内部、彼らだけの共同体の中に封じ込められていて、外に漏れ出ることはない。それなので、誰もそこには関心を向けないのだ。

それはまさに白人たちによるインディアン絶滅の成功と呼びうるものだろう。彼ら、クリーク族、ヒューロン族、イロコイ族、セミノール族、ミアミ族、イリノイ族、アルゴンキン族、彼らはどこにいるのだろう?ピーコット族、アベナキ族、ビロキシ族はどこに行ったのか?

シャトブリアンは彼の『米国旅行記』の中でこう語っている。「イロコイ族の言語では、インディアンたちは自分たちに不老長寿の男を意味する名前、オンゴルーオウエをつけていた。これらの長寿の男たちが去った後、間もなく、あの異邦人たちは、一つの世界の正統な後継者たちに彼らの墓地だけしか与えないことになるのだった」。

彼らは地図からも、記憶からも消されている。数年前、アメリカ軍がビン・ラデンを討伐しようとしていた時、アメリカ軍は彼に暗号名のジェロニモをつけた。

ジェロニモとは一九〇九年にオクラホマで死去した偉大なアパッチ族の酋長だった。ジェロニモは彼が一八八六年に降伏するまでアメリカ軍を苦しめていた。その後、彼はキリスト教徒に改宗し、農民となってオクラホマで死去する。彼はセオドア・ルーズベルト大統領の一九〇五年の就任式に参加した。しかし、そこでは何も起きなかった。インディアンは一生インディアンなのだった。そして無知と愚行が混合してこのジェロニモという名前がすべての障害を越えて、ホワイトハウスのバラク・オバマのところまで届くことを可能にした。そしてそれは公共の敵ナンバーワンと同意語になった。二〇一〇年に、ジェロニモとは、やはり打ち倒すべき敵の名前だったのだ。

第四章　共に生きるとは——排他的な居住集団

新郊外住宅地　エクサーブズ

ミネアポリス、デンバー、アトランタ、その他のどこでも、アメリカの大きな都市に空から近づくと、いつも同じ印象を受ける。飛行機の窓から見えるのは田園風の景色だ。自然があり、町の周り全体を囲むような、見渡す限りの森がある。次に、飛行機が下降し始めると、印象が微妙に変わってくる。森と見えたものが小さな斑点であばたのように穴だらけになっている。識別は難しい。さらに何フィートか降下すると、判明し始める。あの巨大な森はいたるところで虫食い状態に穴があいていたのだ。いたるところに住宅の集団がいくつもあった。それらはあたかも互いに接触を避け合っているようだった。

何十もの邸宅があちこちに散在していた。それらの分譲住宅地の相互の間に緑の道がいくつもある。時には大きな垣根やさらには木立ちもある。しかし、飛行機から森に見えていたものはここにはない。森はこの無秩序な都市化の中に呑み込まれ、消滅したのだ。上空から見ると一つの巨大な印刷された輪が織物のように、すべてのものを町から数十キロ離れたところに、区画化して設置しているようだ。

われわれが上空から見たものは、郊外の住宅地でも、またそこの公園でもない。それは全く違うものだ。町の中心からは五、六〇キロ離れている。これらの住宅集団は文字通りに無人の場所の真ん中に出現したのだ。カリフォルニアの場合にはある森が、ネバダの場合にはある乾燥地帯が、その場所だ。それらの住宅区画を互いに結びつけるものは何もないが、すべては自動車道路で結びつく。自動車道路が商業地区や職場につながる。

この郊外のまた郊外地はエクサーブズ（exsurbs）と呼ばれ、都市部の外にある。それはアメリカ人たちの生活の特権的な場所だ。その場所はこの二〇年来、急速に増えている。一時は不況の影響を受けたが、その後はますます普及している。

エクサーブズに住むということは自動車の中で暮らすということだ。そこにある住宅は通常は三つか四つのガレージを持っている。エクサーブズの特質はそこの周りには何もないということだ。学校も、店も、職場もない。ある意味では隣人もいない。いや自分の選ぶ隣人だけがいるのだ。各住宅地は行き詰まりになっている。そこに入るのは居住者か招待客だけだ。

エクサーブズは何とも痛ましい生活様式だ。その住宅地は超リッチの人や中流の人のためなどのいずれの場合でもきちんと手入れされて清潔だ。芝生は刈り込まれ、夏には櫛をかけられているように見えるほどだ。秋には枯葉が集められ、さまざまな花が、いつも同じ種類の花が、決して蕾の状態ではなく満開の状態で見られる。それは不法就労の中南米からの移民労働者たちの大軍団の作業だ。花壇からはみ出る雑草など一本もない。道で遊ぶ子供は一人もいない。恋人同士のカップルもいない。一人の歩行者もいない。野良猫一匹もいない。何もない。秩序だけがある。正に模範的な住宅地で、あまりにも見事に整頓されているので、果たしてそこに人が本当に住んでいるのか、時には疑問になる。

しかし、確かに人は住んでいる。そしてそこの住人たちは奇妙な名前で呼ばれる。通勤者、コミューターだ。そして正に彼ら、通勤者に対して、毎朝、毎夕、辛い通勤の往復の途上でラジオ放送が彼らに語りかけ、彼らを誘導する。毎日、片道、五、六〇キロの道を車で自宅から勤務先まで往復するのは一つの試練だ。平均的な通勤者は往復で約三時間を使う。その途上で、電話をしたり、メールを読んだり、返事を出したり、コーヒーを一、二杯飲む。すべては車の中の完全な静寂の中で行われ、その平静心は渋滞の車の中での無気力状態に似ている。

エクサーブズの大まかな利点とは、そこでは人は孤立、完全な孤立ができるということだ。老人は老人同士、専門職は専門職同士で、白人は白人同士で。

このような住宅地内では、社交的交流がいっさいなく、またそれはありえない。交流がないことが原則でもある。各人はそれぞれ同様な生活様式を共有し、同程度の収入を得ている。極端に厳格な規則によって、そこでの可能なことと不可能なことが決められている。ペットの飼育、子供たちの行動、訪問者の扱いなど。ある家が空いた場合、それを買いたい人は、その地区の住人たちの票決によって入居の可否を判定される。

このような手続きはエクサーブズに限定されるものではない。この方式はビルや町や郊外の住宅地の場合にも使われる。最終的に、次のような具体例では、金を出すだけでは不十分なのだ。さらに、「他人に邪魔されたくない」と思う、そこの小さな共同体の住人たちに気に入られねばならないのだ。

最近、ニューヨークの国連本部に送られているフランスの大使が悲しい経験をした。彼はセントラルパークに面した素晴らしいアパートを欲しがった。しかし、そこの居住者たちが、同大使の入居を拒否する票決をした。外交官はあまりにたくさんの客を招待するので迷惑だ、ということが懸念されたのだ。

総体的に見て、アメリカ人たちはゲットーの中で生活している。首府ワシントンの地図を人種別の居住区で見ると劇的だ。ワシントンは文字通りに二つに分断されている。黒人は東部に、白人は西部に住む。灰色の地区はない。部分的な変更もない。何も変わらないのだ。新来の中南米系の移民たちは彼らだけの小さなゲットーを作る…白人と黒人の地区の間の中央に。そして区分は東の最貧地区から次第に西の最富裕地区へとなっている。

これは新しい現象ではない。驚かされるのは、この区分が継続していることだ。この区分の存在は一九六〇年代末に、十分に認知されていた。すなわち、マーティン・ルーサー・キングの暗殺後に一〇〇ヶ所以上もの多数の町に影響を与えた、あの暴動の後のことだ。当時、人々は「住宅地の差別」を問題にした。連邦政府のある委員会が「各アメリカ人の将来にとっての脅威」とみなされることへのいくつかの対策を提案した。政治家たちはその提言を全く考慮しなかった。例えば、ニクソンはこう言っていた。「私は確信を持っている。人種差別は間違いだったが、住居や学校での強制的な人種統合も同様に間違いだ」。クリントンは遠慮がちに対策を試みたが成功しなかった。現在、「住居の差別」を是正するためのさまざまな方策は、八年間のオバマ政権のあとでも依然として企画の段階にとどまっている。

他者への無関心

この国の人々には自分たちとは違う種類の他人と交際しようという意思がほとんどない。かなり多くの場合、「よそ者とつき合うことは我慢できない」とすら感じられている。このことの最も顕著な結果の一つは異人種間の結婚が稀であることだ。アメリカの黒人のほとんど全員が多少とも白人の血を受け継いでいる。それは奴隷時代に黒人女性が白人男性に性的暴行を受けた結果だ。それは現代の異人種間結婚のことではない。この国では人種関連の統計が公認されて、大部分は実用にも供されている。従って、異人種間の結婚に関してはかなり明確な状況が判明する。

異人種間の結婚は確かに、一九八〇年から現在までの間に二倍になった。それはすべての結婚数の六・七％から一五％に増加した。しかし、その詳細を見ると、急増したのはヒスパニック系とアジア系の間の結婚だ。さらにこれらの結婚は西部の諸州で特に急増している。そこではこれらの二つの人種が最も数が多いからだ。

白人と黒人の間の結婚は依然として稀だ…三〇年前よりは増えてはいるが。この結婚が容易でないことの証拠として、同人種間の結婚の場合に比べて、高い離婚率が見られる。テレビなどの広告がこの国でのその状態をよく示している。スポットコマーシャルに少数民族の男女がいつも登場するが、決して異人種間の夫婦は見られない。常に白人同士、黒人同士、ラティノ同士だ。

アメリカ人が他人と共生できないということは他の人種、黒人、ヒスパニック系、貧困者たちと共生できないという意味だ、と誤解してはならない。

アメリカでのキーワードは他者への「無関心」であるように思える。ヨーロッパ人はしばしば驚かされる。アメリカ人は仕事の関係や社交の場では、即時の、また完全に作り物の熱意を見せた後は、ほとんどの場合、冷たい距離感を示す。慇懃な態度はどこでも相手に、その後の親近な関係が続くことを期待させるけれども、この国ではそれは会話の便宜のためにすぎない。それは何も生み出さず、外国人に不信感を抱かせる。その外国人は何か特別な扱いを受けた犠牲者ではなく、ようするにそれがアメリカでの行動規範なのだ。

アメリカ人たちは互いを避ける、との印象を外国人は抱く。例えば、決して他人とは視線を合わせない。たまに他人と視線が合う場合、アメリカ人は相手に、「こんにちは」と言わねばならない、と感じるだろう。それはその状況が彼をそこに投げ込むその根強い気づまりの状態から逃れるためだ。もしもあるアメリカ人が、それは稀なことだが、後から来る人のために、開けたドアを押さえていてくれて、その人が彼に、「ありがとう」と言ったら、彼はとても困惑した様子で「フム、フム」と返してくる。もしもある自動車が歩行者用の通路に遮られて動けない状態の時には、運転者はフロントガラスを見つめたままで、周りの歩行者たちを一瞥もしないふりをする。同様に歩行者たちも彼を見ないふりをする。

それでもこの冷たい無関心の中でも何とか生活がしやすいように、すべてのことを法定化し、規定しなければならなかった。

「政治的に正しいもの」(politically correct) の概念の発明、一部の人たちはそれの中にある種の進歩の実現を望んでいたものだが、それはまず第一に、社会集団相互間の関係の失敗の絶対的な証拠だった。共存することができないので、最悪の事態を避けるために裁判所に裁定をしてもらうように頼もう、ということだ。裁判所に、何が認可され、何が認可されないかを決めてもらおうというのだ。どんな表現を使うべきか、避けるべきか、とるべき行動、禁止すべき行動などだ。このような集団関係の脆弱性を救済するための法規化はあらゆるものに適用される。社会集団の相互関係に対しては当然適用される。しかし、それだけではない。男性と女性の関係は人間性を失った一つの社会が作り出しうる問題の頂点にある。

若者たちの人間関係――黒人の差別

アメリカの若者たちにはこのようなことはあまり関わりがない、とわれわれは考えたいかもしれない。しかし、そう考えるのは間違いだ。大学のキャンパスはそのことの良い実例だ。そこには教育を受けた集団がある。国の将来のエリートたちだ。彼らはどのような行動をするのだろうか？　学生たちはまずさまざまな大学内の社交友愛クラブ、フラタニティの中で小集団を作る。それは彼らの両親たちの持つ社会的・人種的亀裂を再生産する。全国で四〇万人以上の学生がそこに所属する。そこの小世界の中で、人格が形成される年齢でのこの悲しむべき自己閉鎖の殻の中で、良家の若者たち（そこへの加盟は無料ではない）はそこで、彼らの将来の人脈を作り、先輩たちの行動を真似る。

これらのフラタニティの一つがある時、大いに話題になった。大部分のクラブがそうであるように、当該のクラブは名称にギリシャ語のアルファベットを借用してシグマ、アルファ、エプシロン、略号SAEと名乗っていた。この名称方式はようするに大学らしく響く。しかし、このクラブにとって残念なことに、現場の状況を撮ったビデオがそのクラブを二〇一四年の末に有名にした時、それはアカデミックなこととは無関係のことだった。

そこに映っていたものは、どう見ても立派な学生たちを外のパーテイから、乗せて帰るバスの中での様子だった。大部分が男子で、女子も数人いた。全員が白人で、男子はスモーキング、女子はイブニングドレスだった。彼らは上機嫌だったので、歌を歌った。合唱団のリーダーはレヴィ・ペチットという名前だった。彼は真面目に見えた。彼の仲間たちもそうだった。頭の真中を剃ったり、刺青をしたりしていなかった。しかし、彼らが唄った歌は聴く人を唖然とさせるものだった。それはひどい内容だった。「ニグロたちを木に吊るせ!」と。そしてそこまで言うことが必要だったのか、「彼らを決してSAEに入れないように」というものだ。

この陽気な一群が所属していたオクラホマ大学は直ちにそのクラブを閉鎖した。それで、もうそのクラブは終わった、と人々は考えた。しかし、それは地方の大学での一つの逸脱にすぎなかった。SAEはアメリカ国内でも最大の大学友愛クラブの一つであり、一万五、〇〇〇人以上の会員がいる。その会の代表がすべてのテレビチャンネルに登場して、事件のことで憤慨し、恐縮して陳謝を繰り返した。しかし、数日後に判明したことがある。あるSAEの全国大会の時に、あのオクラホマの愚か者たちがとりわけ、あの歌を学んだのであり、明らかにあのような黒人差別の風俗は彼らのクラブや他の多くのクラブでは通例のことなのだった。

大学内の男女関係

しかし、アメリカの大学が特異なのは日常的な人種差別主義の理由からだけではない。国の将来のエリートたちが男女関係について抱く考え方は女性にとっては重圧的なものだ。

一つの数字、ただ一つの数字だけで、この不穏な状況を説明できる。女子学生五人の内の一人が在学中に性的暴行の被害者となる。五人に一人だ。暴行または暴行の試み、これは同じことになるのだが、それが大学での男女の関係では通例のこととなっている。あのテレビ番組『デスパレートな妻たち』の中の女性と彼女のエスコート役の男性との関係がアメリカの上級管理職の多数の人たちにとっての参照基準になっているとしても驚くことではない。

アメリカの若者たちの生活の中で誘惑が重要な意味を持つ年齢では、彼らは粗暴な兵士のように行動する。友愛クラブ、春休みの間の定期的などんちゃん騒ぎなどは性的暴行の舞台となる。

これまで長い間、女子学生たちは沈黙を守ってきた。しかし、現在ではそうではない。大学当局は困惑して、この問題に取り組まざるを得なくなっている。

カリフォルニアは革新に出遅れることはなく、同州が誇示できるものを見つけた。州がある法律を制定した。それは性的暴行を禁止するものではない。理論上ではその禁止はすでに刑法の中に定められている。その新法は男女学生同士の間の関係をいささか文明化することを試みるものだった。

同州の知事ジェリー・ブラウンによって署名されたその法律によれば、「明示的な合意がすべての性的関係の前に形成されねばならない」というものだった。口頭での同意でも良い。当面は、書類は不要。法律の文言によれば、パートナーたち、とりわけ女性側は、「明示的な、意識的な、自主的な同意」を与えねばならない。力ずくや女性側の同意を強要したり、女性の異常な状態を利用するなどは論外だ。それは当然のことだ、と考えられるだろう。ブラウン知事がそれを確認させたのは良かった。とはいえ、このような法律の順守が引き起こしうる滑稽なまたは悲劇的な場面が想像される。

この法律は九六七号と呼ばれているもので、これはカリフォルニア大学の広報担当者ダイアン・クラインと学生会の代表とを喜ばせた。キャンパスの中では、直ぐに、その法律に「Yes Means Yes」（イエスはイエスを意味する）との別称がつけられた。しかし、もしも学生たちがその法律に「No Means No」（ノーはノーを意味する）との別称をつけていたら、学生たちによるその法律の内容の理解の度合いについて、大学側も学生代表ももっと安心できただろう。

学生と教員との関係もまた懸念の対象となる。幸いにも、著名なハーヴァード大学は「不適切な性的行動に対する政策を管理する委員会」を設置している。この委員会の目的は明白には見えない。しかし、その委員会の最近の業績を見ればすべてが明らかになる。今後、大学一年、二年生と教員との間のすべての「ロマンチックなまたは性的な」関係は禁止…教員が、その学生の指導教員である場合でも、ない場合でも。他方、三年生、四年生の場合には各人に少し自由行動が与えられる。この場合、交際禁止は教員と同じ専門課程の学生との関係にのみ適用される。

そこでは法律や規則は常に、結局は、ようするに人間的で、自然発生的であるべきものを管理するためにある。そして、これらの法律や規則を順守させるために、大学の警備員がいる。大学はアメリカ社会の一つの縮図だ。それはほとんど非人間化され、力の関係や暴力によって管理されている。

どこにでも警察がいる

警察はいたるところにいて、しかも専門化していなければならない。紛争がおきると人々は警察を呼ぶ。警察を呼ぶダイヤル九一一が緊急時の電話番号だ。その番号はあらゆる時に役立つ…最も深刻な事件でも、些細な事件でも。車の事故の場合、当事者間だけで事故確認書を書くということはアメリカではありえない。ごく小さな接触事故や擦りの場合でも警察によって決めてもらわねばならない。運転に責任のある大人同士が礼儀正しく、互いの連絡先と保険会社の連絡先を交換することなどは許されない。彼らは警察を呼ぶのだ。このように常に保護者に、権威に、制度に訴えるということは当事者を不安にさせる未熟さのようなものを示すものだ。それはまた密告制度についても言える。密告はアメリカでは、またアングロサクソンの世界ではしばしば、公民の反射的行動と見なされる。

シャーリーはまだあのことから立ち直っていない。この若い母親は一つ思慮を欠いていたこと以外は素晴らしい人だった。ワシントンの大ブルジョワ出身で、彼女の一族は数世代にわたって、政界やマスコミの話題になっていた。春のある日、年に数回あることだが、台風警報が伝えられた。彼女は乳児をカンガルー状に、ベビーバッグに入れて胸に吊るして、庭に出て、伝えられた台風の襲来に備えてものを片づけようとした。

数時間後、シャーリーは茫然として、幼児保護担当の警官たちが彼女の家の前に車を停めるのを見た。彼らは乳児に対する彼女の危険で無責任な行動について釈明するように求めた。彼らはすべてがうまく行っているか確認するために、翌日また来ることを告げ、彼女は〝教育上の対談〟のために警察に召喚されること、出頭を拒否する場合には、さまざまな対策が取られること、場合によっては彼女の子供が彼女から引き取られること、などが伝えられた。以後、彼女の経歴が児童保護局のファイルに残されている。通常、その記録は抹消まで五年間、保存される。

そのようなわけで、次に失敗しないように注意が必要だ。例えば、もしも彼女が子供を一人で家においておけば、たとえ三〇分でも、子供が一三歳以下の場合、もしもそれが役所に知られた場合、悲惨なことになる。シャーリーは最近その家に家族と一緒に引っ越してきたばかりだったが、彼女は今回のことで、すぐに理解した。隣人たちを軽く見てはいけないことを。

子供たち、子育て、というものは概して、微妙な主題となる。子供たちは外部の世界から自分を守るように育てられる。家族の繭の保護から出たばかりのように、周りのすべてが危険だ。彼らは常に全面的に親から過保護を受ける。多数の親が自宅の前の歩道の上に、通過する自動車の運転者向けに、子供、自分たちの子供がそこで遊んでいるかもしれないことを示す標識を出す。子供たちに慎重さを教えるのではなく、親たちは、すべての人たちに車を徐行させることを求める。学校では学童たちは家庭でと同様に過大評価され、学校は決して子供たちに、彼らが悪いことをしているとか、間違っているとか言わない。この方法は、人間が他人と共存するための準備をする方法としては最善のものではない。

密告の実例は無数にある。時には劇的なこともある。しばしば、それは驚くべきことだが、些細なことに関する密告がある。最もつまらないことで、しかも最も広く起きること、それは庭の手入れに関するものだ。自分の庭の芝生を刈らない者は、すぐに警察がやってくるのを見ることになる。その当事者は密告した隣人にお礼を言うことになるのだろう。その隣人は毎朝すれ違う時に当方に対して暖かく挨拶してくれる人だ。しかし、その隣人はこちらのドアをノックして、騒音や間違った駐車方法や庭の不十分な手入れについて忠告するよりも、警察に電話することの方を好むのだ。

弁護士の天国アメリカ

このような状況の中では、驚くことではないが、アメリカは訴訟天国となる、そして弁護士たちの天国だ。世界中の弁護士の一〇人のうちの七人はアメリカで仕事をしている。彼らは政治の領域にも侵入している。一〇人の上院議員のうちの六人は元弁護士で、下院議員の四割がそうだ。

この国では弁護士たちが広告消費の産物の一部を構成する。しばしば見られることだが、彼らは自動車道路の脇の掲示板の上に自分たちの実績を自慢して示している。それはちょうど洗剤やファストフードのブランドの宣伝と同じだ。「自分は交通事故の専門だ、刑事問題の専門だ、移民問題の専門だ」などと宣伝している。移民問題の宣伝の場合には広告は常に英語とスペイン語で書かれている。

すべての日常生活の要素は訴訟の問題になりうる。病院や歯科治療での小さな事故、車の小さな接触事故など。昔の損害を思い出させることができれば、何年もかかる訴訟手続きの後になっても、何万ドルもの損賠賠償がありうる。係争が裁判にまで行くことは稀だ。しかし、自分の弁護士に依頼するということは事実上、最終的には一つの示談による取引を確保することの保険であり、それゆえに、少し、または高額の補償金を受け取ることの保険でもある。弁護士に頼ることに関しては、ある人たちは非常に想像力に富んでいる。例えば、ニック・ローブの例がある。

ニックの例

ニックは良家の息子だ。彼の父親は欧州に赴任していた大使だった。彼の伯父は著名な実業家だった。ニック自身は自分の行くべき道を迷った。一時はテレビ番組の制作担当者、ある時は俳優、次にビジネスマン。

彼は調味料の会社を作った。彼はまた少しプレイボーイでもあった。最初の離婚の後、ニックはソフィア・ヴェルガラに惚れ込んだ。彼女は女優で、ABCテレビの大衆向けドラマシリーズの『現代家族』（*Modern Family*）の花形だった。二人の関係は真剣だったが、まだ子供を作るほどまでではなかった。しかし、それでも二つの受精胎児を冷凍保存する程度にまでは真剣な仲だった。ソフィアは四〇歳代を過ぎたところだったが、出産のために、当時絶頂にあった彼女の仕事を犠牲にすることはできなかった。不幸なことに、しばしばあることだが、彼らの愛情物語は中断され、彼らの訴訟物語が始まる。

ニックは突然に子供の新しい命に対する自分の情熱に目覚めた。その情熱はあの受胎以来のことだ、と彼は言う。そして彼はそこに自分の不変の父性の使命のこともつけ加える。彼は誓って、金は求めない。しかし、彼は自分の哲学的な信念に全面的に沿って生き、彼の二人の胎児の娘たち、現在は胎児の状態で凍結されている娘たちと一緒に父親の生活をしたい、と言うのだった。

他方で、ソフィアは、他人にはそれはどうやら疑わしく思えたのだったが、彼よりも冷静だった。彼女はあの二人の胎児は以前から、彼との契約の対象になっていることを知っている。双方の同意なしには、一方が勝手に胎児を処分することができないことになっている。彼女はあれを処分できない。胎児を処分して、ニックの父親としての立場がなくなれば、彼はあの親になりたいという企画に今ほど執着しなくなるのではないか、とも想像する。結局、彼女は、他に方法がないので、胎児を永遠に凍結状態で保存することにした。すべてそれは弁護士費用で巨額を要し、しかも今後何年も続くのだ。それでもそのようなことがアメリカに活気を与えている。その実態は、無限に続くテレビドラマのシリーズ『現代家族』の中の『私の裁判づくめの私生活』（*Ma vie privée judiciaire*）に見られるよりも強烈だ。

法律へのこれほどの徹底的な訴え、秩序のこれほどの愛好、最も基本的な人間的感覚のこのような喪失はトーマス・ロペスの災難の時にその絶頂（一時的なものだが）に達した。

ロペスの例

彼は二一歳の若者で水泳の教師として、ジェフ・エリス・マネージメントという会社に雇われている。その会社はフロリダのハランデール・ビーチの町に海岸の保安のために何人かの救命士を派遣している。その七月のある日、ロペスは海岸の彼の担当区で勤務していた。その時彼は数十メートルの沖合に溺れかかっている人を見つけた。彼は躊躇しないでその人の救助に急いで向かった。それは彼にとっての運の悪い失敗だった。相手の人は確かに溺れかかっていた。しかし、それはロペスの見張り担当区から数メートル外のことだった。

溺れかかっていた人はロペスと他の二人の駆けつけた救命士たちによって救われた。しかし、ロペスは職場放棄の罪に問われた。水泳監督は、規則によれば、自分の見張りの席に留まって警察を呼ぶべきなのだった。ジェフ・エリスは彼と他の二人の同僚を直ちに解雇した。

アメリカにもやはり素晴らしいことはある。非難の声がその会社の決定に対して上がった。まず、市長の声だ。市長はその事件が市にとっては非常に悪い評判になると云い、会社の方針とは逆にロペスを褒めた。彼はいずれにしても人命を救ったではないか、と言うのだった。

会社は動揺した。そして彼に対する制裁を見直し、彼に復職するように提案した。同社は早まったことをしたと気づいた。なぜか？　従業員がヒーローであって、誰でも人間ならばするだろうということをしたということに気づいたからなのか？　全く違う。会社は調査の後、気づいたことがあった。ロペスがあの人命救助をしている間、ロペス以外の他の水泳監督たちが、ロペスの担当区の見張りを代わりにしていたということだった。ロペスたちには過ちはなかった。ロペスは会社の提案を断り、別の仕事を探した。その会社は健在だ。同社は他の警備会社から排斥も追放もされていない。われわれの知る限り、同社の内部規定は修正されていなかった。

第五章　貧困者には情け無用

夜間駐車場

それは奇妙なあわただしい人の動きだ。毎日夕方、郡の事務所の職員たちの複数の車が事務所のそばの駐車場から出ていく。次に、正確に七時になると、その駐車場が空くので、他のいくつかの車が到着する。古い車種で、外目には全く高級感はない。それらの車は迷わずにそれぞれ指定の駐車場所に向かう。互いに少し距離を置いている。離れて隠れるように、街灯の光背の中で、コンクリートの植木鉢の陰に。その車の運転者たちがこの人の気配の無い駐車場でなにか互いに親密な関係を求めているのかとの印象を与える。彼らは一二人いた。それ以上ではない。

彼らは夜間にそこに駐車することを許可された人たちだった。翌朝七時までだ。彼らはそれまでに退散して、また夕方まで戻ることはできない。それは「安全な駐車場」(safe parking)と呼ばれるものだ。「安全」と言っても、それは監視人のいる駐車場の意味ではない。むしろ逆だ。「安全な駐車場」とは、そこに駐車している人を警官がそこから追い出すことのできない駐車場のことだ。カリフォルニアの、この地サンタ・バーバラにはそれが二三ケ所ある。それぞれの駐車場で五人から一五人分までを受け入れる。そこはすべて毎晩満杯で、待機者リストは長い。

そこでリック・スペンサーは自分がそこに駐車できる「特権者たち」に属していることで幸運だと思っている。彼は六七歳でベトナム戦争の復員兵。彼はずっと働き続けてきた。いろいろ浮き沈みがあった。彼の仕事の絶頂期には拡声器を作る小さな会社の経営もしていた。現在、彼は毎月の年金八六四ドルを受け取り、一九八〇年代のオールズモビルのワゴン車の中に住んでいる。海軍時代の経験から、彼は小さな空間で身の回りのものをまとめることを学んだらしい。彼の車の後ろの方にはあらゆるものがびっしりといくつかの箱に詰められ、それぞれの箱の置き場所が決まっている。電子レンジ、食料、衣類、洗面具…。

彼の日常生活は不変だ。彼はその駐車場を朝七時少し前に出る。行先はサンタ・バーバラで最低料金のスポーツ・ジムだ。月額三〇ドルで、そこで筋トレの道具が使える。しかし、彼はそれを全く使わない。またシャワーも使える。それが重要なのだ。次に彼は一日中、町の中をさまよう。罰金や、最悪の場合、車の撤去などの危険なしに駐車できる場所を探すために。また、毎日彼はどこかの復員兵たちの友好クラブに行き、できればそこで時間をつぶす。また、住宅割り当て申し込みの彼の順位についての最新情報を得る。その順位は何年間もなかなか進まない。

リックには高い自尊心がある。彼の話し方は控え目で、大げさな表現はしない。われわれの会話の最後に、彼は静かな声で本音を語った。彼の現状は「陰鬱だ」と云い、「拷問だ」とすら言った。疑いもなく、それこそ正に彼の生活状況なのだった。

リックの所から数十メートル離れたところに、駐車場の隣人のマーガレットと彼女の赤いスポーツ汎用車があった。正確にいえば彼女の二台の赤い汎用車だ。彼女はそこで障害者の息子と暮らしている。それぞれが自分の車と部屋を持っているのだ。特例によって息子の車は一日中そこに駐車できる。

彼女は六九歳、息子は四一歳だ。彼女は自分が家政婦として働き先を巡回する時に息子を自分の車で連れていく。毎日一二時間の労働で月額約三、〇〇〇ドルの収入だ。この額は少額ではない。中流階級の給料の額だ。しかし、マーガレットは何百万人ものアメリカ人と同様に過剰な借金を抱えている。彼女はいろいろな金融機関から、まだ四万八、〇〇〇ドルを借りている。彼女は銀行や店などからたくさんのクレジットカードを自分の名義で作った。アメリカではほとんどの有名店が自社用のカードを発行する。マーガレットは支払い不能となり、新しいカード会社を見つけるたびにそこを渡り歩いた。

この国アメリカではクレジットカードはフランスでの場合と機能が異なる。ここでは、買い物をした後、月末に、一括払いか分割払いかを選ぶ。場合によっては、最初にはいっさい支払わないで残高を翌月まで先送りすることもできる。しかし、当然に利子が発生する。そしてその利率が途方もないもので、法定の最高利率の二二・九九%にまでなる。その状態で数千ドルをカードの未払い額として放置すれば、結果は確実に本人の倒産となる。マーガレットは奮闘してできるだけ早く借金を返済し、自分と息子のための宿を見つけたいと願っている。しかし、一週間七日間働いても、彼女の願いが叶う見込みは小さい。

ワーキングプーア

アメリカでは人々は定年後に備えて十分に年金の積み立てをしておかないか、または過度に借金をしていれば、貧困に陥り、さらには定住居なしの状態にすら落ちる。また、低所得層にいればその状態に陥る。それが正にワーキングプーア（貧しい労働者）と呼ばれるものだ。それはアメリカ人たちだけに限ったことではない。しかし、この言葉の原点に彼らを帰さなければならない。彼らこそがこの概念を発明したのであり、ワーキングプーアの人数が最も多いのはアメリカにおいてなのだ。

ワーキングプーアはとりわけファストフードや大手の小売業の従業員の大部隊を供給している。アメリカはワーキングプーアを二〇一二年の景気回復期に再発見することになった。初めて、ファストフードの従業員たちがストライキを行った。参加者は二〇〇人以下だった。しかし、その運動は広がった。数ヶ月のうちに六〇ヶ所ほどの町に、次に二〇一四年には一五〇ヶ所に、そして二〇一五年には二〇〇ヶ所に。それは最初は自然発生的な運動だった。それが次第に一つの共通の要求を中心に組織化された。「時給一五ドルを獲得しよう」と言うものだった。当時、連邦政府の規定していた最低賃金は二〇一五年の末に時給七・二五ドルだった。ファストフードの従業員は浮動性の高い人たちで、簡単に雇用されたり解雇されたりする。組合はなく、彼らの時給は平均して一〇ドル以下だ。その業界は強力な業界の団体NRAによって管理されている（National Restaurant Association）。この団体名は武器生産のロビーの全米ライフル協会（National Rifle Association）NRAと混同されてはならない。この二つとも冷笑主義と効率的な活動とを共通に持ってはいるけれども。

その団体NRAは国内のほとんどの州で、法定最低賃金を引き上げようとする住民の発議を阻止することに成功した（アメリカでは三種類の最低賃金が存在しうる。連邦法によるもの、州法によるもの、市の条例によるものだ。それらの内で、従業員に最も有利なものが適用される）。NRAはまた一貫して従業員のための疾病休暇に反対している。

ウォルマートとアマゾンの事例

大手の小売り業界の従業員ならば幸運だというわけでもない。彼らもまたストをする。特にウォルマート（Walmart）の場合だ。同社は全米一の従業員数一三〇万人を抱えている。その内の八二万五、〇〇〇人は二〇一三年に年収二万五、〇〇〇ドル以下だった。平社員の場合、平均賃金は時給八・八六ドルだった。二〇一五年に一六〇億ドルの利益を上げた同社は最初は賃上げに反対したが、最終的にはその年に最低賃金を時給一〇ドル一〇セントに引き上げ、さらに数年後にはそれを一五ドルに上げることを検討すると約束までした。

現在、時給一〇ドルというのはフランスの最低賃金よりも低い。しかも社会保険も有給休暇もなしだ。これでは、独身者でも家族持ちでもアメリカ国内でまともな生活をするには明らかに不足だ。アメリカは低い失業率を公示して、そのことを大いに自慢している。その低い失業率は無資格、低賃金の職種を増やすことによってのみ得られるものだ。さらにまた、実際の失業率は公式の数字よりも高い。多数の求職者たちが、いずれにしても食べていけないような低賃金の仕事を受け入れなければならないのならば、むしろ失業者登録を取り消すことを望んでいる。

アメリカの経営者たちの創造力は無限だ。アマゾンは一つの新しいコンセプトを発明した。つまりフレックスタイム、弾力的勤務時間制で、「皆さんが自分の仕事を自分で管理します。貴方の好きな時に好きな量だけ配達して下さい」というのがそこの標語だ。「自分で自分の管理者」になるには、二一歳以上、車と携帯電話を持っていること。車の保険、ガソリン、税金は本人負担。給料は時給一八ドルから二五ドルで経費込み。自分の好きな時に好きな量の配達ができる…ただし会社の必要度の範囲内で。疾病保険も失業保険もなし。経費を差し引かれるとフレックス制度での配達員はようやく法定の最低賃金を得る程度になる。これはある種の配達業の「ウーベライゼーション」(uberisation: 従来のサービス利用者が占有していた資産を他の利用者と共用すること。自家用車の配送利用など)だ。この方式は可能な限り、すべてのビジネス部門に非常に早く応用されるだろう。

以上のような状況の中では、定住所を持たない人たちのための複数の宿泊所が満員になるのも不思議ではない。ニューヨークでは合計五万人以上がそこに入り、その大部分は家族世帯だ。そこに住む世帯の四つの内の一つ以上の中には、一人以上の勤労者がいる。時には家族の内の二人が勤労者だ。そして定住所を持たない独身者たちの一六%は何らかの仕事に就いている。彼らは、警備員、駐車場の係、百貨店の販売員、ファストフードの従業員などだ。彼らのほとんど全員ないし八割が仕事を持っているか、最近まで持っていた。しかし、大部分の人にとっては失望感が深い。昇進の見込みも昇給の見込みもないのだ。そして、彼らは知っていることだが、外での家賃は最低賃金額前後の収入の人間には手が届かないほど高いのだ。ニューヨークでの実態はアメリカの反対側の場所、西海岸でも同様だ。ロサンゼルスは定住所を持たない人たちの首都だ。二〇一三年から二〇一五年までの間に、家賃が高騰したことから、彼らの人口は一二%増加した。何千人もの人たちがそれまでは家賃で居住できていたところから追い出され、行き場を失った。そこでも、他のいたるところでと同様に、原因は失業ではなく、給料の低さだ。それでもロサンゼルスの最低賃金は二〇一五年に、時給九ドルだった。それは連邦政府の最低賃金時給額や、他の多くの都市の時給額よりも良いものだった。ロサンゼルス市はその額を段階的に二〇一九年までに一五ドルに引き上げることを決めた。時給一五ドル、その額は現在、同市内の勤労者の半分が得ている額よりも多いものだ。

貧困対策の遅れとフードスタンプ

アメリカでは貧困がこれほどの規模に達しているので、都市や、州や、大企業や、ようやく政治家たちもがそのことに懸念を示している。早期に時給一〇ドルに上げようというコンセンサスが生まれているようだ。ウォルマート、ターゲット、マクドナルドなどの企業はすでにその額に同意している。またいくつかの州や都市も同様だ。さらに、二〇二〇年までには時給一二ドルを目指すというのもまた妥当な目標だ。これがいずれにしても民主党の提案だ。ロサンゼルスにおけるように、またニューヨーク州のアンドルー・クオモ知事が望むように、やがては時給一五ドルを目指すというこの額は、一つの象徴的な限度額であり、多数のアメリカ人たちを不安にするものでもある。最近のある世論調査では六割の回答者が、ファストフードの従業員たちにこの額の報酬が支払われることに反対していた。

アメリカでは五、〇〇〇万人近くの人々が貧困ラインよりも下で生活している。この数字は年によって多少は変化する。それは国の経済状況の変化によるというよりも、参照基準値の変動によるものだ。驚くべきことは、二〇〇八年から二〇一一年までの大不況によって急増したこの貧困者の数は景気回復によっても改善されていないことだ。五、〇〇〇万人近くの貧困者たちが無料の公営給食制度に登録している。その制度の正式名は「SNAP（Supplemental Nutrition Assistance Program）補助栄養支援制度」だ。しかし、世間の人は皆それを「フードスタンプ」と呼ぶ。フランス語に訳せば「スープ券」だ。そして四、七〇〇万人から四、八〇〇万人のアメリカ人が毎日、このフードスタンプのおかげで食べている。そしてその二人に一人は子供だ。

貧困の状況はあまりにも悪化しているので国内のすべての公立学校では、無料の朝食で一日を始める。多数の生徒たちにとって、それが唯一の真の食事となる。国内の南部と西部ではこの半世紀以来初めて、貧困児童たちが公立学校の生徒の過半数を占めるようになった。無料の朝食の他に、学校は低額の食事を提供する。それには親の低収入が条件となる。テキサス州ですら学童の二人の内の一人がその受給権を持つ。その比率はカリフォルニアで五四％、ミシシッピで六六％、などとなっている。

このような給食支援は国家にとっての巨額のコストとなる。フードスタンプは二〇一五年に七四〇億ドルを要した。その額は不況前の二〇〇八年には三八〇億ドルだった。このような経費の急騰は共和党員たちからの非難の声を招いた。彼らの内の一人は二〇一二年の大統領選挙運動期間中にバラク・オバマのことを「フードスタンプ大統領」と呼んでいた。これは露骨な悪臭のするような人種差別主義の表現であり、黒人に対する偏見はそれほど酷いものだった。「黒人たちがフードスタンプ制度の優先的な受益者だ」と言うのだった。

その制度は政府にとっては大きなコストのかかるものだ。しかし、すべての富裕者たちがその制度の制限を求めているわけではない。議会の共和党員たちがフードスタンプの経費を削減するように脅かす時に、いつも、いくつかの大企業が防御に登場する。その先頭に立つのがウォルマートだ。なぜならば、フードスタンプという天の賜物の一八％が同社の店で消費されるからだ。ペプシ、コカコーラ、クラフト・フード、その他の会社も、（表面的には）貧困者のためを思って気配りしているようだ。

富裕者を利する景気回復

アメリカ人たちがあの「大恐慌」と呼ぶものが同国の貧困を悪化させた。景気回復もその傾向を逆転させることができなかった。そこにこそアメリカ社会の進展の歴史の中で最も驚くべき、また最も懸念すべきことがある。一九二九年の「大恐慌」の後、アメリカはその原点に戻り、中産階級がふたたび繁栄した。しかし、二〇一一年以来、同様な回復は全く起きていない。

景気回復は富裕者たちにのみ利益を与える。不況の終止以来、収益の九五％があの悪名高い一％の人たちの所に行ってしまったと推定される（さらにはその収益の六〇％が〇・一％の人たちの所に）。バラク・オバマは七年間ホワイトハウスにいた後で、二〇一五年、貧困に関する演説の中でそれに対する怒りを表明した。彼はこう語った。

「二五歳で、最大手のヘッジファンドの社長たちは全国の幼稚園の教師たちの総収入の合計よりも高額の報酬を得ている」。

結果的に、世帯当たりの平均所得は伸びず、貧困率は減らない。それはアメリカ人全体に共通のことだ。人種上の帰属先とは無関係だ。人種問題については、少なくともアメリカが脱人種差別主義の領域に入ってきたと言えよう。今後、主要な問題は社会階級の差別だ。共和党員はそのことを認めたがらない。彼らは自分たちに好都合ではあるがもはや現実には対応しない、アメリカと言うものの虚像の中に硬直したままでいる。その虚像とは、すべての人が平等に自分の機会をうることができるという国の姿だ。

マルコ・ルビオ、二〇一六年の大統領選挙戦での候補者で、共和党の上昇中の星であった彼はこう演説していた。「われわれの国はこれまで決して、持てる人たちと貧困者たちの国ではなかった。われわれの国は、持てる人たちと、これから持てる人たちになる人たちの国、すなわち、成功した人たちとこれから成功する人たちの国だ」。

これは感動的だと同時に虚偽でもある。すべての指標がそのことを示す。社会的な亀裂の溝はますます越え難いものとなっている。教育費を初め、すべてがその状態を生み出す結果となる。このことを認識するための良い参照手段は「世代間所得弾性」だ。それはある世代から次の世代への社会的移動性を測定するものだ。アメリカは大先進諸国の間で下位の国々の中にある。社会的移動性はカナダではアメリカの二倍も高い。

貧困独居老人

不況は貧困者をますます貧困化し、次に景気回復は富裕者だけを豊かにした。さらに景気回復は搾取者たちに活気を与えた。

二〇一三年に、一〇ヶ月以上の調査の後、ワシントンポストの三人の記者がアメリカの最も衝撃的な実態の一つを暴露した。ベニー・コールマンの事例はこの種のスキャンダルの象徴的なものだ。

二〇一三年の春のある日、ワシントンで、この老齢の元海兵隊の軍曹は家に警官たちがやって来るのを見た。警官たちは彼を追い出し、入口の階段に来ていた引っ越し業者たちを中に入れた。道の反対側で折りたたみ椅子に座ったままの七六歳のコールマンは無力でその様子を眺めていた。彼の家具、衣類、思い出の品々などが、もはや彼のものではなくなった家の前の歩道に山積みされた。数時間後に、その老人は行き先の宛てもなく彼の人生のすべてのものをいくつかの段ボールに入れられて、通りにいた。

どうしてこのようなことが彼に起きたのか？　ようするに、彼は一三四ドルの固定資産税を払うのを忘れたのだ。ある法定の支払期限を過ぎると役所はそこに一八三ドルの利子と罰金を追加する。合計で三一七ドルの負債だ。それならばまだあまり大きなことではない。しかし、そこで信じがたいことが起きる。役所が彼の債務を競売にかけたのだ。その方式は他の州でも見られる。さまざまな「投資家たち」が、それで儲けようとして、その債権を買い上げる。そして、彼らがその債権の保有者になったその日から、一八％の利子が発生する。それに「法務費用」と呼ばれる弁護士たちへの謝礼が加わる。弁護士料は時給四五〇ドルにもなる。六ヶ月後には、債務が返済されなければ、「投資家たち」は裁判所に訴えて、彼の家の差し押さえを要求できる。

コールマンの事例では、六ヶ月後に、合計で四九九九ドルの利子と法務費用が最初の三一七ドルに追加された。その老人は放心状態で最初の三一七ドルと残額についての最初の一部として七〇〇ドルを払った。その後、彼は残額の支払いを忘れた。もう二度目の猶予はなかった。彼の家は差し押さえられ、その価格は七万一、〇〇〇ドルと査定された。間もなくそれは一九万七、〇〇〇ドルで転売された。コールマンはその後、医療施設に入り初期アルツハイマー病の治療を受けている。

ワシントンでは、同様な理由で家が差し押さえられた事例の千件の中で、二〇〇例については、最初の借金額が千ドル以下だった。犠牲者の大部分は老人だ。しかもしばしば独居の老人。彼らは自分の身の上に何が起きるのかを認識できないでいる。家の持ち主の高齢者たちが入院中や、自己弁護不能の間にも、裁判官たちが老人たちの家の差し押さえを宣言する事例をわれわれは眺めてきた。

裁判所が貧困者を苦しめる国があるとすれば、それは正にアメリカだ。保証金の原理それ自体が、簡単な規則違反から犯罪までのすべての司法の領域を支配している。その原理が上のような実態を認可しているのだ。アメリカの法律家の一部の人たちがこの実態を懸念している。

「アメリカの公民的自由の連合」（American Civil Liberties Union）のような団体（同団体はもっともよく知られている）がいくつも、このような金による裁判に対抗して、ある種の塹壕戦を続けている。これらの団体は一貫して、市役所や郡役所を訴追する。貧困者が罰金の不払いで身柄を留置されたり、保証金を集めることができないなどの軽微な違反で刑務所に留置されているなどの場合にだ。しかし、裕福であることが一つの美徳だとされるこの国では、貧困だということは不都合なことだという以上に、一つの罪なのだ。

第六章　ザ・ジャングル——食品製造業界の裏面

衛生管理の不備

それは一つの悪夢だった。三、〇〇〇人以上が死亡し、一二万八、〇〇〇人が入院した。アメリカ人六人の内の一人が被害を受けた。九・一一事件よりもひどかった。毎年それが繰り返されれば、なおさらのことだ。その責任者の身元は知られている。アメリカはテロリズムに対して宣戦布告したのと同様に、この問題と闘わねばならない…当然により良い結果を期待しながら。これは絶対的に緊急の問題とすべきだろう。しかし、誰も動かない。

大腸菌とサルモネラ菌が猛威をふるっている。その菌は業界がチキンを何回もそこに漬けるアンモニアの槽を通っても平然としている。アメリカでは食品の安全管理というものが全くない。あの三、〇〇〇人の死者の大部分は貧しい黒人だったことをつけ加えて云わねばならない。しかし、それだけではない。毎年、腐敗した食物が原因で病気になる四、八〇〇万人はあらゆる社会層の人たちだ。ここで話題にしているのは遺伝子組み換えなどによる危険な食品のことではない。この自然発生的な災害の現況は、ひたすら繰り返される食品中毒の結果だ。

すべての小学生は『ザ・ジャングル』（*The Jungle*）を読んだことがある。それは一九〇六年に出版されたアプトン・シンクレアの大ベストセラーだ。舞台はシカゴで、二〇世紀の初め、国内最大の屠殺場。それはすべて事実に基づく小説だ。政治家たちと警察が食肉業界から賄賂を受領。東欧からの移民たちが奴隷のように食肉解体の流れ作業で働く。そして特に、衛生管理と良心の全面的欠落が不潔な食品の製造過程のすべてに見られた。

その小説の中の描写があまりにも写実的で、また同書の刊行当時、その醜聞があまりにも大きくなっていたので、セオドア・ルーズベルト大統領は、それらの事実を確認するためにシンクレアを招いた。大統領はその時勢に乗って、FDA（Food and Drug Administration）食品・薬品管理局を設立し、この役所は原則として、食品の衛生面を管理することになった。しかし、一世紀後になっても、その結果はあのようなものだ。

アメリカはかってすべてのものを持っていた。一八世紀には農業はあまりにも豊作で、入植者たちは健康であり、ヨーロッパ人よりも寿命が長かった。しかし、その状況は急速に悪化した。数世代の間に、すなわち産業革命以来だ。利益獲得競争と、町中に溢れていて多くのことを要求しない何百万もの新移民たちを養う必要性、それらのことが結局はアプトン・シンクレアの描いたあの悲惨な衛生状態をもたらす結果となった。

ファストフードの影響と支配

一九三〇年代に、最初のドライブ・インの創設がファストフードの発明を引き起こした。マクドナルド兄弟がレストランに工場生産の方式を応用することになる。反復する単純作業の高度の専門分業化が無資格の労働者たちによって実行される。原材料コストの削減、労賃の削減が常に増大する収益をもたらす。マクドナルドやその模倣者たちはますます成長し続ける。その結果、彼らはアメリカの農業の産業構造のすべてを支配することになる。

非常に速く、ファストフード業界はあらゆるものの最強の購買主となった。ジャガイモ、トマト、レタス、チキン、ビーフなど。その業界が自分たちの条件を生産者たちに押しつける。生産者たちは同調する以外に何もできない。そして結局は、アメリカ人全体が必ずしもマックに食べに行かない時でも、彼らはファストフード業界のことを考慮して生産された産物を食べることになるのだ。

現在、アメリカで正しい食べ物を摂ることは難題となっている。高級店でたくさんの金を払っても良い食品を買えるかは確実でない。食品被害につながるホール・フーズのようなチェーン店が工業化食品の土壌の上で繁栄する。そこには何でもある。ホルモン剤や抗生物質の詰め込まれたチキンのような有機産物食品など。しかし、すべては常に丁寧に包装されて、消費者の九割には手の出ない価格がつけられている。

アメリカ人たちは彼らの料理や食品がつまらないものであることを知っている。少なくとも海外旅行の経験者は知っている。ヨーロッパ、特にフランスやイタリアを旅行した人はいつもその旅行のことを思い出して、感情のこもった声で、目を輝かして、こう言うだろう。「ああ、食べ物が良かった！」何という表現だ。それはしばしばこちらを当惑させる。せめて、「美食料理やレストランが良かった」と言ってもらいたいものだ。

本物の食品とは

スーパーマーケットの売り場では、しばしば見かけることだが、いくつかの食品の上に、客を惹きつけるために大きな文字で「本物の食品」と書いてある。どうしてそのようなことになったのか？「本物のチーズ使用」とラベルのついているピザをお客はどうして買う気になるのか？　チキンの業界がこれらのことのすべてを発明して、それが手本となった。

一九五〇年には消費可能な一羽のチキンを育てるためには七〇日間を要した。現在ではそれは四八日でできる。そのチキンは虚弱体質でほとんど立ち上がることもできない。巨大な養鶏場の中で見る見るうちに大きく育つ。そこには日光は全く入らない。ホルモンや抗生物質やトウモロコシの残滓を詰め込まれて、チキンはスーパーマーケットの売り場に出される。味付けのためにソースを塗られて、プラスチックの舟形容器の中に入れられて。六ドルから七ドルで食べられる用意ができている。この悲劇的な食品の特徴はそれが何もコストがかからず、すべての意味においてその食品は何の価値もないことだ。

現実を認識するためには最も基本的なファストフードビジネスの流通チェーンの中に入って見ることだ。例えば、タコ・ベルだ。ほとんどの観光客でさえそこを避ける。三ドルで完全な一食を食べさせてくれる。持ち帰りでも、座食でもよい。前菜、本菜、デザートだ。この三品が丁寧に提供される。すべては清潔な建物の中で、照明があり、空調がある。そこには貧しい労働者たちの大部隊が群がり、一週間に七日間、そしてほとんど二四時間の内の二四時間、その状態だ。そこでの労賃と建物のインフラのコストを払った後は、食品材料にはいくらの金がかけられるのだろうか？　ほとんどゼロか数セントだ。これが工業化食品と不備な食品衛生管理の結果だ。

農食品ビジネスの集中度

アメリカの農業生産は過度に集中化し、また専門化している。そこでの唯一の目的はコストを最小化し、収益を最大化することだ。その結果がスーパーマーケットの売り場で見られることになる。いずれにしても、食料はそこでしか買えないのだ。その理由から、事実上、すべてのいちご、きいちご、ブルーベリーなどはドリスコルのブランドで売られる。同社は最大の生産者で、ほとんど市場の独占状態にある。毎年、本社のあるカリフォルニアから、ドリスコルは味のない果物でアメリカ中を洪水のように満たす。巨大で外見は深紅で、中身は全く白く、冬でも夏でも無味乾燥ないちごだ。

カリフォルニア州は同社のような企業の圧力を受けて、アメリカ全体の果樹園、菜園となった。国内で消費されるサラダ菜の九割はカリフォルニア産だ。それは小売商売ではない。その結果は大規模なものとなる。つまり、そのサラダ菜は東海岸までのトラック輸送の六日間を耐えねばならない。そのことから、サラダ菜に第一に求められる性質は、収穫後に最低一〇日から一二日間、お客にきれいに提示されるかどうか、ということになる。品種の選別、品種の改良などでは、あえて言えば、まずこの点だけが考慮される。結果は見事なものだ。巨大だが全く味のないサラダ菜。このことは同様にすべてのものに当てはまる。トマト、リンゴ、梨、などだ。

牧畜の場合にも同様に独占度が徹底している。カリフォルニアでは常にカントリー・デアリーがアメリカ全国の牛乳の二割を生産している。シェイファー（Shafer）という小さな町の周辺に、せいぜい半径八キロくらいの中に、一〇ヶ所の巨大な農園がある。そこに六万頭以上の牛が集められている。フランスの場合だったならば、千頭の牛のいる農園の場合でも、地元の新聞の小話欄で論争になるだろう。

一九五〇年には五つの大手の会社が牛肉市場の二割を支配していた。現在は四社になり、市場の八割以上を支配している。そして、全国で、大規模の屠殺場は一二ヶ所ほどしかない。世界最大の屠殺場は北カリフォルニアのター・ヒール（Tar Heel）にある。毎日、三万二、〇〇〇頭以上の豚がそこで死ぬ。もしもこれらの巨大な食肉工場の一つになにかのバクテリアが忍び込めば、全米が病気になる。

FDAの監督不備

この生産方式を監督するために、ＦＤＡがある…少なくとも理論上は。なぜならば、現実はもっと複雑なのだ。市場がすべてを支配し、自由企業のこの国では、政府を頼りにすると必ず物事が複雑になる。実際に、ＦＤＡはその任務を他の一三の連邦政府の役所と分担している。動物・植物健康検査、穀物検査、農業販売サービス、全国海洋漁業サービス、などだ。その理由から、チーズ・トマト付の冷凍ピザはＦＤＡの管轄となり、同じものに何切れかのサラミソーセージが乗っていれば、それはまたそれの専門部門の管轄となる。

この奇想天外なＦＤＡのことだけでも、アメリカの食品の衛生管理の状態の説明には十分だろう。しかし、政治家たちは現状維持のために協力を惜しまない。過去四年間の間、議会はＦＤＡのための予定の予算のようやく半額しか認めていない。すなわち、必要な五億八、〇〇〇万ドルに対して二億九、〇〇〇万ドルだけだ。このことから、ＦＤＡの医学部門の元部門長、ディビッド・アチソン博士はこう言っている。アメリカが食品の信頼できる安全管理制度を導入しようと決定するためには、彼の表現によれば、「一つの大惨劇が必要だ、道端にたくさんの遺体が並ぶような」。

確かに、現状では、その遺体は病院にあるのだ。毎年、食中毒で死ぬ三、〇〇〇人のほかに、抗生物質耐性菌の感染症によって死ぬ二万三、〇〇〇人を食品業界の責任にしなければならない。アメリカだけが畜産業で抗生物質を過剰投与しているわけではない。しかし、アメリカではすべての規模が大きい。その結果、アメリカで売られる抗生物質の八割が農業部門に向けられている。第一にチキンに使用される。これは絶対に抗生物質の投与を避けるべき食材だ。毎年平均して、ペニシリン一万トンとテトラサイクリン六万トンが飼育場でがぶ飲みされている。それはほとんど常に病気の予防用だ。動物たちは衛生学上で悲惨な状態と異種混在の状態で飼育されているからだ。ＦＤＡは現状では警告や提言を出すだけだ。しかし、国の最上層部ではこの問題が意識されている。オバマ大統領が要求したのだ。官庁の食堂では職員たちが抗生物質を投与されていない肉を買える可能性を持つべきだと。

最主力品トウモロコシの支配

アメリカの農業はその最主力品であるトウモロコシ無しには存在できないだろう。しかし、トウモロコシの八割以上が遺伝子組み換え作物だ。それはいたる所にある。まず畑に、三、二〇〇万ヘクタールだ。それはフランスの農作地の総計よりも大きい。次にトウモロコシはスーパーマーケットにある。農産物の九割だ。トウモロコシはあらゆる形態で売られている。果糖度の高いコーンシロップだ。果糖は最も健康に悪いものだ。しかし、それがあらゆる所に入り込んでいる。パンから缶詰、飲み物、すぐ食べられる料理などだ。それからトウモロコシには澱粉がある。澱粉は今では化粧品にまで入っている。

自由企業と市場の法則の万能性についての議論が思い込ませることとは矛盾して、トウモロコシは、すべての農産物と同様に、巨額の政府補助金を受けている。年間に二〇〇億ドルであり、それに比べて、欧州では全体で補助金額は八〇億ユーロ以下だ。さらに上の数字は偽装された補助金を計算に入れていない。例えば、貧困者のための連邦政府の食糧支援や国際的食糧支援だ。しかし、これらの補助金にはしばしば農産物の相場を維持するためという図々しさが伴う。

アメリカの農業従事者たちの主要な主張は、自分たちが安価な食料を生産することに成功したということだが、それに対しては、上記のようなすべての補助金を計算に入れて真のコストを示さねばならない。それにまた、農業による環境破壊と健康破壊のコストも加算しなければならない。そうすると判明してくるのは、この農業ビジネスが最悪の産物を社会のために最高値をつけて生産する事業に成功したということだ。
この方式は、不本意にもその最初の限界に遭遇した。その解決法をもたらすことになるのは良識でもなく、また開明的思想の人々の意志によるものでもなかった。それは一つの災害、気候の変化によるものだった。アメリカでは、非常に正確にいえば、すべての西部地方、とりわけカリフォルニアで起きる旱魃だ。

水資源の枯渇

カリフォルニアは国内で消費される野菜の三分の一と果物の三分の二を生産する。カリフォルニアの不断の太陽光が大規模の灌漑と結びついて、そこの農民たちに一財産を作らせた。同州内で使われる水の八割が農業用だ。『ニューヨーク・タイムズ』が面白い話題として、アメリカ人一人が毎週自分の食物摂取を通してどのくらいの量のカリフォルニアの水を呑み込んでいるかを計算した。例えば、三個のミカンは一六〇リットルの水、卵一個は六八リットル、レタス一個は一二リットル、などだ。同紙は驚くべき結論に達した。平均的アメリカ人は毎週一、一三五リットルのカリフォルニアの水を消費しているというのだ。

旱魃の到来前にも、このようなカリフォルニアの農業の方式は破滅に向かっていた。即時の収益の妄想に取りつかれて農民たちは問題を直視しようとしなかった。彼らは井戸を増やした。砂漠を田園に変える水を求めてますます深く地面を掘り続けた。数十年前から、水脈の層の位置が下がっているのを見て、カリフォルニア州の水資源管理の責任者たちは警告を発した。しかし、何も対策が取られなかった。例えば、この二〇年以来、アーモンドの樹、それは最も水を必要とし、また最も収益性の高い作物の一つだが、それを植える面積が二倍になった。しかし、それは二〇一四年—二〇一五年の冬までのことだった。問題のあることを認めねばならなかった。

ジェリー・ブラウン知事は巧みなコミュニケーション能力を発揮してシエラ・ネバダ山脈に行った。彼に同行したのは水道局の専門家たちと呼び出された数人のテレビ取材班だった。技師は一つの大きな棹のような探査器を操作した。それは積雪量を測定するものだった。そこで見たものは、数年以来、次第に低くなっている積雪量のレベルだった。技師は長時間待機していた取材班にすべてを説明した。次に知事と技師は一〇メートルほど前進して止まった。彼らの足元には黄色くなった冬の草が一本あった。知事は叫んだ「ここにわれわれは毎年来て、雪の厚さを測るのだ」全員が沈黙した。その後の話は全国のテレビで伝えられた。

その時の勢いで、ブラウン知事は誰も信じたくないような対策を発表した。水使用の制限だ。まず一般個人の使用の制限。次に農民による使用の制限である。全く厳格なものではない。一般個人には二割削減、農業の処理用には別の少し複雑な方式。この法律だけでは不十分であることを皆が知っていた。その法律の方法だけで満足するならば、帯水層の水が減るのをやめて再び満杯になるまでには二〇四〇年まで待たねばならないことになるのだった。その時までには水層はおそらく無くなるので、他の方策が取られねばならないだろうと思われた。しかし、その問題の象徴的な意味は大きかった。世界の中で第八位の経済規模のカリフォルニア州で水が配給制度になる。他方で、国内では多数の人が未だに気候の温暖化を信じようとしない。

アメリカの西部では、すべての農業が乾燥状態にある。ワイオミングからテキサスまで水不足は顕著だ。何万ドルも巨大な灌漑装置に投資していた農民たちは、手遅れになる前に投資分を償却しようとして、さらに事態を悪化させる。それはとりわけトウモロコシの生産業者の事例だ。例えば、カンサスでは州立大学が水をあまり要しない作物を隔年に栽培することを奨励しているが、成功していない。当面は法律がそれを禁じない限り、農民たちは、最後の水資源を求めて、空になるまで深く井戸を掘り続けている。

遺伝子組み換え食品と肥満

この破滅的な農業は閉鎖的な回路の中で、現実を考慮しないで発展している。抗生物質の乱用、水資源の枯渇、収益性の高いものを優先させるので輪作の廃止、土壌の疲弊と常に増量する土壌へ薬剤や肥料の投下、遺伝子組み換え品の開発強化などだ。アメリカの農業は正に〝ラウンドアップを受け入れる用意ができている〟(Roundup Ready はモンサントの除草剤の総称)。問題はこの除草方式が一五年続くと雑草もまた耐性を持つようになることだ。雑草は突然変異を起こした。それは独立系の学者たちの大部分が予言した通りだった。

今回もまた、自問することなしに、農食糧業界は問題の先送りを選んだ。除草剤ラウンドアップ、ナパーム爆弾、オレンジ枯葉剤、またはそれの主活性要素成分で学者たちが2・4—D（アミン酸除草剤）と呼ぶものが使われていて、FDAはそれを承認している。今回はモンサントよりも先行したダウケミカルの出番だ。同社はしばらく前から、2・4—Dに耐性のあるトウモロコシと大豆の栽培を提案している。間もなくあちこちのアメリカの畑でこの薬剤が散布されるだろう。

農業や農村の状況について全く無知な国民の圧倒的多数にとっては、農産物加工業界とはまずテレビのスポット広告で目にするものだ。

広告はすべての番組に侵入する。それには二種類がある。製造した食品を宣伝するものとその食品を摂取したために不可欠になる薬を宣伝するものだ。アメリカのテレビ番組では、スポーツでも、ニュースでもドラマシリーズでもまず第一に糖尿病とコレステロールに対する警戒の呼びかけがある。これがサンドイッチ、ピザ、ソースなどの形で摂取される脂肪のためのさまざまな広告の合間になされるのだ。そこにはさらに、痩せるためや消化器官の諸問題を軽減するための奇蹟的な製品の広告が加わる。

国民全体が果糖の高濃度のコーンシロップの中で、またあらゆる脂肪酸、飽和、不飽和の中で溺れている。この様子を目撃するには通りを歩きさえすればよい。三人の内の一人以上の大人は肥満だ。予想によればそれは二〇三〇年には二人の内の一人になる。そのほかに過剰体重の人を加えればすでに人口の六三％が肥満だ。糖尿病はもう一つの流行病となっている。実際に三、〇〇〇万人の患者がいる。アメリカ人六人に一人だ。

今ではニューヨークで毎日一六人が糖尿病で死亡する。殺人の件数よりもはるかに多い。消費者は食物とほとんど同じくらいの量の薬やサプリメント、補助食品を呑み込む。一年中、さまざまなビタミン剤を飲む。とても信じがたいような、さまざまな色の薬のカクテルがセルフサービスの店で花のように広がっている。それらは栄養価のない食品の欠陥をごまかすものとみられる。「君はどこでビタミンを買うの？」というのは日常会話での質問の一つだ。それはちょうど、「どこの肉屋に行くの？」と同じようなものだ。ビタミン剤は医薬品の大部分と同様に、大手のスーパーでは自由に販売されている。そこでは薬局運営が食品、日曜大工品、家庭用修理道具の販売と同様に多角ビジネスの一つだ。最近まで薬局の多くではまだタバコを売っていた。

食生活と寿命

国の最高当局が対策を試みている。例えば、ＦＢＩは職員たちに必須の体力検定制度を導入した。誰も驚かなかった。要求された体力の基準は妥当なものだった…特にエリート警察官にとっては。四〇歳以下ならば、腕立て二四回、膝曲げ三五回、三〇〇メートルを一分以内で疾走、一、五〇〇メートルを一八分以内で疾走。この試験は静かに始まり、公正に行われる。ＦＢＩはさまざまな身体訓練のプログラムを考案した。それによって職員たちが仕事を続けていけるようにさせるためだ。

そのテストに大統領夫人ミシェル・オバマなら楽々と合格しただろう。二〇〇八年以来、彼女がジョギングしている様子がすべてのテレビチャンネルで見られた。「レッツ・ムーブ」が彼女の合言葉だった。彼女は走り、跳び、腕立てをした。そして彼女は病気がどこから来るかを知っていたのでホワイトハウスに菜園を作った。「健康に動いて健康に食べる」というのだった。あの大統領夫人は食物摂取に関するいくつかの助言を与えていた。学校の食堂の栄養基準が是正されるべきだと強調していた。

しかし、彼女は学校の食堂ではピザが野菜の一部としてみなされていることを防ぐことはできなかった。それでも一部のアメリカ人たちは彼女が、夫の大統領が行ったよりも、国民の健康管理の面で多くのことを進展させたと主張する。それはもちろん間違いだ。肥満と糖尿病の流行がその証拠だ。この事実を見るだけでは不十分ならば、アメリカ国民の寿命を見ればすぐに分かる。男性については七五・六歳で世界の一七位。女性は八〇・七歳で一六位。イタリアやフランス、スペインのようにアメリカよりもはるかに豊かではない大部分の先進諸国よりも遠く下位にある。

第七章　分譲住宅地での死

銃社会の日常事件

まず、この事件の背景を確認しておこう。ジョージ・ジンママンはあまり特徴の無い男で、体格も普通で少し太り気味。ドイツ人の父親とペルー人の母親との混血で、国勢調査にはヒスパニックと申告した。カトリック信者で、七歳から一七歳までは教会の少年聖歌隊のメンバーだった。彼は保険セールスマンの仕事に飽きていた。しかし、中流階級の多数のアメリカ人たちと同様に、それでも人生で成功したと思い込んでいた。少しでも守るべき大切な何かがあったのだ。おそらく、そのために彼は分譲住宅地の警備員の仕事をしていた。さらには、彼の住むフロリダ州、サンフォードのツイン・レークの地区の小さな自警団の調整役でもあった。

このようにアメリカでは隣人同士が「近隣監視」(Neighborhood Watch) と呼ばれる防犯組織を作る。その組織は悪人たちを威嚇するための掲示をあちこちに置く。しかし、その活動は大げさではない。一日に一、二回の巡回だ。そしてその地域で何か事件が伝えられる時には数回巡回する。これらの「自警団」の存在は警察にも知られていて、何か深刻な事件の時には自警団が警察に連絡することになっている。

二〇一二年二月二六日、日暮れになって、ジンママンは巡回することを決めた。一人で、特に理由はなかった。住宅地は静かだった。しかし、それでも彼は回って見ようと思った。正にその時、彼の本能は間違っていなかった。一つの怪しい人影が見えた。若い黒人が頭にフードを被っていた。その後、本当に何が起きたのか、われわれは全く知らないことになる。ジンママンはその黒人少年トレイボン・マーチンを、常時携行していた九ミリ口径のピストルで射殺した。「正当防衛の状況だった」と彼はのちに警官たちに説明した。「黒人少年が彼を襲った」というのだった。少年は一七歳の高校生で非武装だった。コンビニ店から出て来て、すぐそばのガールフレンドの家に行くところだった。少年は教会の聖歌隊員のような様子ではなく、大柄で、金歯を入れていた。過去に喧嘩で警察とのいざこざがあった。

ジンママンは警察署まで連行され、頭に負った軽い怪我の手当てを受け、五時間後に釈放された。彼はある法律、「自分の領域を守る法」（Stand Your Ground）をもとに自己の正当性を主張した。このような法律はフロリダやその他の、とりわけ南部のいくつかの州には特有のものだ。この法律は、誰にでも、自分が他者による脅威を感じた場合、武力の行使を認める。必要な場合には相手に致命傷を与えてもよい。それは自宅での場合でも屋外でもよい。相手が武装、非武装を問わない。これは事実上、自分が脅威を感じれば、直ちに相手を殺してもよいというある種の免許証を与えるようなものだ。

六週間後、メディアで詳細に取り上げられ、また多数の抗議デモの後で、ジンママンは最終的に殺人罪で起訴された。しかし、市民陪審員団によってすぐに無罪とされた。五時間後に彼は警察署に行って自分の武器、ＫＥＬ－ＴＥＣ ＰＦ９型自動拳銃を取り戻した。これはアメリカで人気の武器だ。彼はまた他の武器を買う権利も保有し続けた。

あれ以来も、ジンママンは地区の中で多数の事件に関わっている。夫婦喧嘩や自動車運転者たちとの口論など。しかし、彼の武器保有の権利は決して取り消されない。

武器保有で病む国

われわれは知っている。アメリカは国内の武器で病んでいる国だ。三億丁以上の武器が流通して、毎年平均して一万一、〇〇〇人が死に、約九万人が負傷する。一九六八年以来、一〇〇万人以上がアメリカ国内で銃火器によって殺された。

なぜこのようなことが起きるのか？　ようするに、アメリカでは小銃やピストルがスマホと同程度の日常生活の一部となっているのだ。誰でも銃火器を入手できて、どこにでも携行できる。それがアメリカの圧倒的多数の州で法律によって認められている。アメリカに短期旅行に出かける外国人たちに与えられるべき助言の一つは、車の事故の場合には決して苛立ってはならないということだ。このようなことは世界中では教育の次元のことだが、アメリカではその助言が外国人の命を救うことになるのだ。

ノースカロライナ州の目立たない小さな村、アシュヴィルでアラン・シモンズの身の上に起きたことを見てみよう。二〇一一年のある日曜日の朝、彼は家族と自転車に乗っていた。彼の四歳の息子が荷物台の子供椅子に乗っていた。一台のスポーツ汎用車が横に走ってきて、「こんなに交通量の多い道路で自転車に乗るな」と怒鳴りつけた。アラン・シモンズは自転車を停めた。スポーツ汎用車も停まった。その運転者は怒り狂っていて、ピストルを持ち出してシモンズに向けた。「早く向こうに行け。行かないと殺すぞ」と叫ぶとその男は一発を撃ち、それがシモンズのヘルメットを擦った。

撃ったのは町の消防士で、逮捕され、有罪となった。しかし、この事件は決して大きな話題にならなかった。「誰も死ななかったではないか」というのだ。誰も死ななければ、責任者の逮捕もなし、釈放もなし。頭のおかしい人間がかかわっているわけでもない。人種的偏見はない。この事件でのすべての主役は白人だ。いや、主役は銃を手に持つ普通のアメリカ人なのだ。

そしてその傾向は悪化している。例えば、毎年、空港の保安を担当するＴＳＡ（空港輸送保安局）は搭乗予定の旅行者の中でますます多くの人たちが武器を携行しているのを見つけている。それは飛行機の乗っ取り、ハイジャックが目的ではない。ようするに旅行者たちは保安検査場に日常生活の状態のままで現れる…ピストルをベストの下や、ベルトの所や手提げかばんの中に持ったままで。この傾向は悪化し続けている。現在では毎日、四、五件の事故がある。大学で、公園で、レストランで、電車内で。「隠された武器」の携行、それが圧倒的に多数の州内では常態となっている。さらに新しく武器保有を開拓しようとしている辺境地がある。それは武器携行支持派による新しい戦いの場であり、その運動の目標は武器を外から見て分かるような方法で携行することを可能にすることだ。彼らはその広報活動をさまざまに広げる。ファストフードの店や公共施設で、腰の革ベルトに挟んだ自動拳銃の様子を撮影させている。テキサスで彼らは、最近、公共の場で携行する武器を公然と他人に見せつける権利を獲得した。

安易な購入手続きと高性能銃器の推奨

アメリカでは酒場でビールを一杯注文するためにも二一歳以上であることを証明する身分証明証を出さねばならない。しかし、攻撃用の小銃を買うためには単なる形式的な手続きだけでよい。販売される武器の四割は武器販売見本市、(Gun Show)、で売られるか、または個人同士でネット上で売られる。ネット上では誰もが何でも許認可なしに売買できる。自衛用の小さなピストルから半自動小銃まで。銃砲の販売店で買う時には理論上では少し複雑だ。身分証明書が本人の履歴、つまり当人の犯歴有無と精神状態の確認のために要求される。

この規定をバラク・オバマはすべての銃火器の売買…個人間の取引も含めて…にまで拡大適用することを望んでいる。彼は二〇一六年の初めにこの内容の行政命令を発令した。しかし、銃取引の現場はその命令を実現し達成することにはほど遠い状態だ。毎年、何千人もの犯罪者や精神異常者がその規制の網の大きな抜け穴を通過する。実際に、政府はその取締りを実行する手段を持っていない。事態はもはや政府の手に負えないのだ。ノースカロライナでの事件がどうだったかを見ればよい。そこでは自転車に乗っていたシモンズがもう少しで命を失うところだった。

武器携行者のリストと有罪判決の事件のリストとを比較すれば簡単に判明することがある。五年間の内に、犯罪歴のある二、四〇〇人が武器の携行免許証を与えられていたのだ。さらに裁判所は有罪判決の事件の二件中一件については、その有罪者に武器携行許可を一時停止することを忘れている。これは最も多くの場合、裁判所のミスであるか、または裁判所がその管理のための十分な人的物的手段を持たないことによる。よく見られることであるが、一つの郡では一人の警察官が一人ですべての武器携行問題を管理しなければならないが、武器保有に関する最も初歩的な検査を実行するための実際的な条件を欠いていることが多い。例えば、二〇一一年にノースカロライナのユニオン郡では武器携行許可証の発行を担当する警部が一人で、一年間に一、三〇〇枚もの許可証を発行したのだった。

どんな種類の武器の購入が奨励されているかがまた一つ問題となる。この国の銃器販売店では自衛用の拳銃や猟銃どころではなく、絶対的なベストセラーは攻撃用兵器のAR—15だ。それはアメリカ陸軍の装備用のM—16の「民間用型」…これが何らかの意味を持つか不明だが…のものだ。唯一の違いは民間用が半自動式で陸軍用が全自動式であることだけだ。従って、民間用では連射ができず、一度に三発までだ。しかし、その殺傷力は軍用のものと共通で強力だ。さらにこの銃には拡張性があり一〇〇発までの装弾が可能だ。さまざまな色のAR—15が売られている。黒、金色、迷彩色、女性向けにはピンク、など。客の好みの仕様にできる。多数の付属品もまた印象的だ。レーザー光線の照準器、防音装置、手榴弾発射器も装着可能だ。この小さな玩具はモデル次第で六〇〇ドルから二、〇〇〇ドルで売られる。あらゆる種類の弾丸が使用可能だ。最も小さいものから最も強力なものまである。現在、三五〇万丁以上のAR―15がアメリカ国内では流通している。

被害の拡大

しかし、実際には誰が自宅にこのような武器を必要としているのだろうか…手榴弾発射装置のあるものは論外だが？　何人かはそれを、例えば狩猟に使うだろう…プレーリードッグや鹿を撃つために。他の人たちは射的場で練習用に。そして大部分の人は万が一の場合の悪人による攻撃や大惨事に備えて射撃練習をする。…しかし、場合によっては不測の事態でAR―15が悪人たちによって悪意で使用されることもありうる。例えば、彼らが警察と対峙する場合などだ。AR―15は警官殺しに使われる最も恐ろしい武器だ。貫通力のある弾丸を装填すれば、それはどんな防弾チョッキでも突き破る。それはまた大量殺戮のために好まれる武器だ。

他方で、政府は正確を期するために、大量殺戮とは何かの定義をしている。その定義に該当するのは、一度の射撃で、銃身を冷却する時間を与えることなしに、連続で四人が殺されるか負傷を負わされる場合だ。この定義に該当する事件がアメリカでは平均して一日に一件以上発生している。

例えば、二〇一二年七月に、デンバーの郊外の映画館オーロラで、ジェームズ・ホームズがAR―15を発砲し、一二人を射殺した例などだ。またこの同じ攻撃用の武器でアダム・ランザが、二〇一二年一二月にニューヨーク近くのコネチカット州にあるニュータウン市のサンデ・フック小学校で殺人事件を起こした。そこでは二〇人の生徒と六人の教師がこの若者に殺された。彼は母親と射撃練習をしていたが、母親を殺した後、この虐殺を行うために母親のいくつかの武器を使ったのだった。

この殺戮の直後には、ただちに、何かの対策がこの銃火器王国を改革するために取られるだろうとも思われた。動揺と驚愕が人々みんなをとらえていた。そこで殺された二〇人の生徒たちは六歳から七歳で、六人の教員たちと同様に、何発もの弾丸を撃ち込まれていた。自殺した犯人のアダム・ランザは二〇歳だった。その殺戮の最中に何度も彼はピストル型機関銃に、三〇発入りの弾丸ケースを注意深く数回装填した。

オバマの反応

この事件に関して、オバマ大統領がバイデン副大統領と一緒にテレビに登場した。そこでは動揺を見せながら、被害者の家族との連帯、さらには当然ながら、対策が語られた。オバマは言葉巧みで、説得的だった。「このようなことは二度とあってはならない。先進国にふさわしいことではない。このような事態が継続してはならない」などと大統領は憤慨した。それについて人々は自問した。「大統領はそのことに今気づいたのか、アメリカでは誰でもがピストルを持って散歩できるということに」。

この問題は大統領にとって全く新しいものではなかった。この分野において彼がとった最初の行動の一つは二〇〇九年に国立公園内で武器の携行を認可する法律に署名することだった。その年、ブレイディ・センター（ロナルド・レーガン大統領の元広報担当官ジェームズ・ブレイディは一九八一年の大統領暗殺未遂事件での被害者。これは彼の名前をつけたもので、銃火器の規制を支持する最も活動的でまた誠実な団体）はオバマに落第点のFをつけた。一方、銃火器のロビーNRAの連中は明らかに大統領を嫌っているが、それでも、大統領が銃火器規制の問題にできるだけ関わらないようにしてきたことは認めている。

実態がどんなものであれ、オバマ大統領は賛否両論の秤の上に、自らの全重量を乗せようとしている。バイデン副大統領と共に大統領は誠意と才能を費やすのを惜しまない。歴史が後に明らかにするだろうが、おそらく大統領と副大統領は、当時は、実際に銃火器規制に関する改革が可能と考えていた。オバマは最初は控え目な目標を設定した。それは一九九四年にビル・クリントン大統領の下で可決された法律を復活させることだった。この法律は攻撃用武器の販売を厳しく規制し、大容量の装弾ケースを禁止するものだった。この法律は一〇年間の限定法だった。二〇〇四年に議会で共和党が多数派になるとこの法律は延長されなかった。この法律を復活させることがオバマの想定した第一歩だった。次にオバマが国民に示唆したことは、この問題をより大きな視野から再検討して、特に、武器購入者の管理、彼らの犯罪歴の有無、精神状態などの微妙な点を再調査するということだった。

NRA（National Rifle Association）全米ライフル協会による武器保有奨励

賢明にもNRAはこの間、低姿勢を維持した。上記の大殺戮事件の後の一週間、同協会は沈黙を守り、議論に参加しなかった。その後、ウェイン・ラピエール副会長兼広報担当が記者会見を開いた。彼は実質的に次のような説明をした。あのような惨劇を避けるために、学校に武装した警備員を置き、そして、任意制でもよいから教師たちを武装させるべきだと。

その結果は恐るべきものとなった。サンディ・フックの殺戮の翌年、全米の州で武器に関する新法が制定された。それらの法律のうちの三分の二は武器の購入と携行を従来以上に容易にするものだった。三分の一だけが管理を強化するものだった。このような各州間の態度の違いは大体、共和党員と民主党員の区分の境界線に沿うものだった。

実際には全国のすべての学校で保安体制が強化された。一部の学校ではウェイン・ラピエールの助言、「教師を武装させる案」を採択した。NRA自身はあの殺戮事件の翌年、「一〇〇万人の新会員を獲得した」と主張した。この数字は確認不可能で、誇張されているかもしれない。しかし、確かなことは、多数のアメリカ人があのサンディ・フックの事件の後に武器を買い入れたことだ。また、同様に、彼らは、オバマ大統領選出の後、一連の殺戮事件が銃火器の管理強化を引き起こすことを懸念し、またNRAの主張を受け入れて「NRAこそが自分たちの権利をよりよく守ることができる」と思い込んだのだった。

すべての市民が知っておくべき歴史上の重要な日付がいくつかある。一九七七年五月二二日がその一つだ。その日、ひどい論争の一夜が明けた後で、最悪の過激主義者たちがNRAの支配権を奪い取り、その組織を現在のものに作り替えた。すなわち、たった一つの原理に献身するためにワシントンに拠点を置く最も強力なロビー、圧力団体に変身したのだ。その原理とは「銃火器の自由な所有」だ。

変身したNRA

この組織が一八七一年にニューヨークで、州兵や陸軍の元士官たちによって創立された時、NRAは狩猟やスポーツ射撃の愛好者たちの友好団体にすぎなかった。そして一世紀の間はそのようなものであり続けた。設立当時は誰も、この団体を銃火器保有の圧力団体にすることなどを想定していなかった。一九六〇年代に、政治暴力やマーチン・ルーサー・キングとケネディの暗殺、人種暴動などの余波の中で、アメリカはようやく一つの「銃器取り締まり法」を制定した。それはアメリカ国内で銃火器の売買を管理する最初の法律だった。

その法律は州から州にまたがる銃火器の売買を厳しく取り締まり、さらに未成年者、前科者、精神異常者への販売を禁じ、最後に、軍事用余剰兵器の輸入を禁止した。一九六八年のことだ。ＮＲＡはこれらの規制に反対だったが、しかし、これらの規定が銃火器売買や保有の自由の終焉の始まりだとは考えなかった。同会の会員あてに送る会報の中で、ＮＲＡはこう主張していた。

「これらの規制は〝スポーツマンたち〟がそれと共存できる種類のものだ」。〝スポーツマンたち〟という表現を使用し、すべてをそこに還元しようとした。しかし、ＮＲＡの全会員がスポーツ精神を持っているわけではない。若い過激主義者の一団がこの組織を乗っ取り、自分たちのイデオロギーのために利用しようと夢見ていた。

その中にニール・ノックスがいる。テキサス人で一時はジャーナリストだった。彼は三〇歳の時に雑誌『ザ・ガン・ウィーク』を創立して運営した。彼の妄想は武器に関するすべての規制を撤廃させることだ。重機関銃に関する規制すらもだ。彼は重機関銃が自由に販売されるべきであり、すべての規制が、自由思想に対する耐え難い侵害だ、と考えている。その妄想の中で彼は極端にまで進み、真剣にこう考える。「一九六〇年代の劇的な諸事件の一部は武器規制に関する法律を推進するために連邦政府によって、意図的に創出されたのではないか?」、「自由世界の人々を武装解除するために」と彼は書いている。現在なら、このような陰謀論には反対の声が上がり、ノックスは信用を失っていただろうが、現実は逆だった。彼は自分の周囲に多数のＮＲＡの会員や武器業界のプロを集めて連携させることに成功した。

一九七〇年代半ばにNRAは自問した。現状のままにとどまるべきか？　あるいは武器規制に関する反対運動に参加すべきか？　その運動は当時は穏健だった。本部の所在地を東海岸に留めて置くべきか？　あるいは同会の本拠地であるコロラドに移転すべきか？　同会の幹部たちにはその後者を選択すべきことは明らかだった。そしてコロラドは魅力的な場所だった。そこにはロビー活動などの問題が存在しない。

まさにそこにノックスと彼の仲間が登場した。一九七七年五月二一日の夜から二二日までのうちに彼らはNRAの年次全国大会の主導権を奪うことに成功し、守旧派を追放した。この事件は「シンシナチの反乱」として知られることになる。NRAは民主党と共和党の超党派で、狩猟とスポーツ射撃に専念するものとして存続することになった。コロラドへの移転案は忘れられ、いまや攻撃の対象はワシントン政府だった。

一九八六年はNRAにとっての勝利の年で、新路線が初めて成功した。議会が「銃火器保有者の保護法」を成立させたのだった。この法律は一九六八年の法律による規制の大部分を廃止し、特に、州際の武器販売の規制の大部分を廃止した。さらに、重要なことととして、連邦政府が銃火器の保有者の再調査のためのデータベースを作ることを禁止した。

実はノックスが一九七八年に現在のNRAの独裁者ウェイン・ラピエールを雇用したのだった。ラピエールは熟練のロビーイストで、ボストン大学の政治学科を卒業していた。彼は上記の一九八六年の法律の勝利に大いに貢献した。彼自身がその法律の一部を執筆したのだった。彼は民主党のビル・クリントンの大統領就任が武器の愛好家たちに及ぼした大きな懸念の波にうまく乗って、NRAを現在の頑強な政治的機構に作り上げた。

NRAの本部はワシントン郊外のフェアファックス（Fairfax）にある。それは巨大なガラスとコンクリートの建物だ。地下には国内でも最も近代化された射撃場の一つがある。贅沢な作りの一五人分の射撃用立ち位置があり、標的は四五メートルまで離すことができる。上の階には、弁護士の一軍団、広報担当者、ロビーストたちがいる。ＮＲＡは約八〇〇人を雇用し、一二万五、〇〇〇人のボランティアの協力の恩恵を得ている。公称、五〇〇万人の会員がいるとされる。

この組織はその社会貢献的性格により免税されている。フランスでいえば公益団体ということになる。同会が自称する使命とはこうだ。「アメリカ憲法、公共の安全、法と秩序を守り防衛する」。ここでＮＲＡが憲法と呼ぶのは実は憲法修正第二条のことだ。この小さな条文についてはあらゆる意見が語られ、また書かれてきた。二〇〇八年にアメリカの最高裁判所では保守派の判事が多数だったが、五対四で個人が銃火器を保有する権利を確認した。良識の持ち主は皆知っていることだが、アメリカの独立当時、あの修正条項が起草された混乱の当時、修正条項は、アメリカ人たちに自らを武装して民兵として組織化し、万が一の場合に敵や新設の連邦政府が権限を乱用する時に、それに対抗する可能性を与えることを意図したものだ。これは車の小物入れの中にあるピストルや分譲住宅地の自警団とは無縁のものだ。

ＮＲＡの政治活動

ＮＲＡは豊かだ。その背後には全兵器産業がついている。業界の総売り上げは三二〇億ドルで、従業員は一〇万人。成長続きの産業で不況知らずだ。時には売り上げが急増する。例えば、二〇〇九年のオバマの当選の後、兵器販売額が二三％以上も伸びた。自己の主張を擁護するためにはＮＲＡは金を惜しまないで無限に使う。二〇一二年の選挙では二、〇〇〇万ドルを使った。この金は政敵に大損害を与えるための逆宣伝用のスポット広告のためだった。そこでの主要な標的はバラク・オバマだった。

ＮＲＡはオバマに反対する広告に上記の二、〇〇〇万ドルの内の九〇〇万ドルを使った。常に次の単純な標語が繰り返された。「自由を守り、オバマを敗れ」。残りの資金は武器の規制を支持する民主党の候補者を落選させるために、主要な州のあちこちで使われた。ＮＲＡとその異論の余地なく有能なロビーストたちはほとんど目立たない方法で、政界の上部に介入する。連邦上院下院議員の選挙では共和党内のあちこちの予備選挙で、党内の最も保守的な候補者が選出されるように介入する。

ＮＲＡは連邦政府が武器保有者のデータを持つことに反対するが、他方で、自分たちは武器保有の規制を支持する人たちのリストを常に更新している。武器保有規制の支持者の一人が立候補すれば、たとえその争われている公職が地方レベルの下級のものであっても、ＮＲＡはその選挙に担当チームを派遣して、その候補者を自由の敵として戯画化する。この効果的なテロリズムこそが、銃規制に対するアメリカの政治家たちの信じがたいほどの消極性の大部分の理由だ。政治家たちはよく知っている。ＮＲＡは単独でも、候補者を選挙に勝たせたり、特に負けさせたりすることができるということを。

公職選挙はこの強力なロビーであるＮＲＡにとっては、玩具製造業者にとってのクリスマスのようなものだ。とりわけ銃規制を要求する民主党候補者が優勢の状態にある時には。ただし、ＡＲ―１５自動小銃の普及推進の専門家であるＮＲＡの人たちは候補者の当選の楽しみや喜びを目的とするのではなく、銃器の販売規制を提案する候補者に落選の恐怖感を与えることを目的とするのだ。現在のアメリカは実際には二〇年前よりも暴力的ではない。犯罪の発生は減少している。しかし、ＮＲＡやその出版物はそれを否定する。出版物の見出しは常にますます警戒を煽り、記事はますます人々を恐怖に陥れる。論調は常に同じだ。「バッドガイ（悪人）を抑止する唯一の方法は、武器を手に持つグッドガイ（善人）を対抗させることだ」と強調する。この対立は不可避だというのだ。従って、「真面目な市民の武器入手を制限することは、悪人の側に立つということだ」というのだ。

この主張によれば、「市民たちは武装すればするほど自分たちが安全になる」ということになるが、それは明らかに事実ではない。世界で最も武装され、最も暴力的な国アメリカがこの説の真実ではないことを毎日証明している。ボストン大学の研究者たちがこのような偏見を根絶しようと試みた。彼らが示したところでは、ある州で武器の保有率が一％増えれば、それに比例して殺人の比率も〇・九％以上増えるということだった。

もう一つの事件

二〇一五年にもう一つの殺戮事件が全国を悪夢に陥れた。南部の奥地チャールストンで、若い白人男性が教会の中で九人の黒人を射殺した。その教会は国内でも最も象徴的なものの一つで、奴隷制や人種分離への反対運動の中で一つの歴史的な役割を果たしていた。その殺人犯、ディラン・ルーフは二一歳になったばかりだった。彼の誕生日に、父親が彼に数百ドルを与えた。彼はすぐに銃砲店に駆け込み、一丁のピストルを買った。彼は不気味な面のある男で、人種差別的なシンボルとともに写真に撮られることを好んでいた。しかし、誰が彼にほんの少しでも武装することを禁止できただろうか？　ク・クラックス・クランが合法的であるこの国で？…そこで彼はピストルを買い、その殺戮を実行に移した。確かにこの事件は武器保有の問題と同時にまた人種差別主義の問題にも関わっている。

その意味でこの事件は既述のサンデ・フックの事件とは異なるが、この事件のもたらした人々の感情的な反応は類似のものだった。再びオバマが登場した。彼は国家的な悲劇の重要な場面では常に非の打ちどころがなく、また一つ誠実で感動的な演説を行った。彼は武器規制の問題を再び話題にした。それは原則としてであって、彼はその実現を信じてはいなかった。「サンデ・フックの事件ですら何も事態を変えることはできなかったのだから、今回のことがあっても事態を少しでも動かすことができるだろうか？」というのが彼の本音のようだった。そして彼の言う通りだった。武器規制の論争は生まれなかった。論争はむしろ南北戦争時代の南部連合の旗、奴隷制のシンボルに向かうようだった。その殺人犯は南部連合の旗と一緒に写真に収まることを好んでいた。

この事件をきっかけに、人々は、南部の多数の州で多数の公的機関の建物に南部連合の旗が翻っていることに気づいた。それは我慢のならないことだ。大至急、あの旗を撤去すべきだ。ワシントンポスト紙の政治漫画家がその状況を巧みに描いている。漫画の中では、犯人のディラン・ルーフが左手に南部連合の旗を、右手にピストルを持って殺人に出かけるところだ。無限の皮肉をこめてその説明文はこう言っていた。「この二つのものの内の一つがわれわれにとって問題となる」。

武器保有とその規制の問題をめぐって、アメリカは進展してきた…悪い方向に。NRAに対する国民の支持は常に増大している。最近のいくつかの世論調査によれば、NRAには国民の六八％の支持がある。規制の支持者たちはこの二〇年来、減り続けている。規制の立法が現在ほど緩いことはいまだかつてなかった。クリントン政権の下での時限付き規制法は、二〇〇四年には延長されなかった。また同法はサンデ・フック事件の直後の二〇一二年にも復活しなかった。それ以来、武器は学校へ、公園へ、電車内へ、レストランへと進出してきた。そして明日はおそらく飛行機の中へと。アメリカ人の九八%が武器販売店から一五キロ以内に住んでいるのだ。

訳者注

本書の刊行後のアメリカ国内の主要な銃乱射事件には次のようなものがある。

二〇一七年一〇月一日、ネバダ州ラスベガス、死者五九人。

二〇一八年二月一四、フロリダ州パークランドの高校で、死者一七人。

二〇一八年五月一八日、テキサス州サンタフェの高校で、死者一〇人。

第八章　ファーガソン症候群——黒人の受難

黒人大統領と黒人差別

この二〇〇八年一一月四日とは何という日になったのだ。誰が大統領に就任するのか。黒人の大統領だ！ 黒人の大統領がク・クラックス・クラン（ＫＫＫ）の国、奴隷制と人種差別の国に出現する。黒人リンチの国に黒人の大統領が就任する。これは歴史的な事件だ。世界中のマスコミが最上級の形容詞でこのことを何度も強調した。大統領が黒人だということは凄いことだ。これは脱人種差別となったアメリカの初日を示す。何という教訓だ。またもやアメリカは世界を開明した。フランスにも愚か者たちがいて腹を立てている。「フランスでは黒人を大統領にするなどありえない」と。アメリカではあたかも黒人大統領を持つことが突然にその国の進歩と近代性を示すことになったようだった。

ワシントン市の中心にある大きな広場のモールでは群衆が歓喜していた。その大部分は黒人だった。しかし、少数の気難しい連中は、あの人種差別主義のことについて語っていた。黒人大統領の出現ですべては解決された、と思う人たちに対する警告だ。確かにアメリカにはまだ人種差別主義者たちがいる。暗殺の危険は現実にあると密かに語る人すらもいる。いずれにしても、これまで何人かの白人大統領でさえも撃たれたではないか。しかし、あれはみな過激主義者たちの犯行だった。オバマの当選後のこの集団的な恐怖感の小さな戦慄はまた（黒人大統領の出現という意味では）心地よいものでもあった。それは黒人大統領の出現という高揚感をさらに高めた。暗殺の対象になりうるような黒人大統領の出現ということでは、まさにそこに新しい歴史が刻まれたのだ。バラク・オバマに対しては如何なる暗殺の試みもないだろう、と人々は信じた。

それから六年間、アメリカは現実を否認しながら生き続けることになる。幻想を増幅するためにオバマはいくつかの象徴的な姿勢を示した。彼は初めて黒人の司法長官を任命した。彼の古い友人のエリック・ホルダーだった。国連大使には黒人女性のスーザン・ライスを送った。人々は歓喜した。彼らの以前にも確かに、例えば、統合参謀本部議長のコリン・パウエルや国務長官のコンドレーザ・ライスがいた。しかし、彼らの黒人としての存在は目立たなかった。黒人でしかも共和党員ということがどうして可能だったのか。

二〇〇八年から二〇一四年までの六年間、人種問題はレーダーから消えた。他の諸問題が大きかったのだ。ウォール街の過度の行動、貧富の格差、健康保険制度の改革、同性婚、気候変動などの問題があった。

近年の暴動事件

人種問題の鎮静化からの覚醒は衝撃的だった。二〇一四年、ミズーリ州のファーガソンで一八歳の黒人少年マイケル・ブラウンが白人の警官ダーレン・ウィルソンによって射殺された。確かにブラウンは少年聖歌隊員ではなかった。そして彼は反抗的な姿勢を見せたが武器は持っていなかった。ウイルソン警官は一二発を連射した。そして不起訴となった。町中が騒動となった。抗議の行進やデモ以上に、それは暴動となった。少なくともそれは国中で暴動と見られた。国全体が一九六〇年代のあの複数の大暴動の悪夢を抱えたままだった。そしてより近年ではロサンゼルスでのいくつかの事件があった。一九九二年にあのカリフォルニアの大都市で六日間にわたる暴力と略奪があり、五三人が死亡、二、〇〇〇人以上が負傷し、一万一、〇〇〇人が逮捕された。事件の発端は黒人のロドニー・キングを殴打した複数の白人警官が破廉恥にも無罪釈放となったことだった。暴動の鎮圧のために軍隊の動員が必要だった。まず州兵が動員されたが、それでは不足だったため、第七歩兵師団と第一海兵隊師団が援軍を送った。

歴史はまた繰り返すものだったのか？ ファーガソンで起きていたことは昔のこととは全く違っていた。

せいぜい、数百人のデモ行進があった。それとほぼ同数の警官がいた。誰も死ななかったが、いくつかの店舗と自動車が放火された。それだけでも大きな恐怖感を掻き立てるには十分だった。ファーガソンから、警官の権力乱用の事件の連続が始まった。筋書きはいつも同じだった。白人の警官、黒人の犠牲者。これらの警官による殺人事件はみな強烈な印象を与えた。

ブルックリンでは無認可の大道商人が犠牲者だった。肥満していて家族持ちで、地元ではよく知られた人物だった。彼は逮捕の途中で窒息死させられた。クリーブランドでは玩具のピストルで遊んでいた男児が至近距離から射殺された。ボルチモアでは警官たちを見て走り出した青年が地面に押しつけられて頭蓋破砕で死んだ。また同様にクリーブランドで非武装の黒人男女が検問所で停車しなかったために、車の中で蜂の巣状に乱射されて死んだ。一三八発が撃たれ、そのうちの最後の一五発は一人の警官がボンネットに乗って、フロントガラスを通して発射したものだった。このような事件のリストはまだ長く続けることができる。そして、ほとんどすべての事例では、裁判所は警官を訴追する理由がないとみなしている。

警察による権力乱用があるたびに、国全体が息をひそめる。「何が起きるのだろうか、黒人たちはどのように反応するのだろうか」と懸念する。市長たちは夜間外出禁止を命じる。知事たちは緊急事態を宣言して州兵の動員を可能にする。ボルチモアではいくつかの店舗が燃やされたが、状況は、もはや、というべきか、まだ、というべきか、暴力志向ではなかった。

黒人男性の命運

このような警官の権力乱用の流行病は突然に発生したのか、それとも、単に人々が同様の事件に従来以上に、関心を持つようになったのか？　アメリカ国民は当然に自問する。そして黒人たちの存在を再認識する。同時にこの問題による被害の規模の大きさにも気づく。貧困者、非識字者、受刑者、精神異常者の大軍団を供給するのは常に奴隷の子孫たちだ。彼らの平均収入は依然として最低で、アジア系、白人、さらにはラティノ系の住民の収入よりも低い。これまで何も事態は変わらなかった、またはほんの少しだけしか変わらなかった。オバマがホワイトハウスにいることが人々を盲目にしてしまい、誰も現実を見ようとしない。しかし、警戒信号の兆候は常にあったのだ。

二〇一〇年の国勢調査に基づいて、『ニューヨーク・タイムズ』が二〇一五年の初めに独自調査の驚くべき結果を公表した。その標題は「一五〇万人の黒人男性が不在」というものだった。その調査によれば、「受刑者ではない黒人女性の一〇〇人に対して、受刑者ではない黒人男性は八三人しかいない」というのだった。白人の中では、一〇〇人の女性に対して九九人の男性がいる。この数字を応用して、『ニューヨーク・タイムズ』はこう結論づけている。「毎日の日常生活の中で一五〇万人の黒人男性が不足している」。彼らはどこにいるのか？　刑務所の中にいるか、または、大部分の事例では殺人の犠牲者として早死にしているのだ。

このことの悪影響は大きい。社会の構成が歪められている。片親だけの家族、相手の男性を選べず、最初に出会う誰とでも交際しなければならない黒人女性。供給不足の市場の法則だ。暴力事件や暴動が連続発生する町ではとりわけこの男性不足の現象が顕著だ。まさにファーガソンでは黒人女性一〇〇人に対して黒人男性は六〇人しかいない。もう一つの人種衝突の舞台となったチャールストンでは黒人女性一〇〇人に対して黒人男性は七五人。二五歳から五四歳までの年齢層では、『ニューヨーク・タイムズ』によれば、男性が六人いるべきところに五人しかいない。一人欠けている。これはまさに戦争での戦死率に相当する。あたかもアメリカの黒人男性は自分たちの国の中で恒久的な戦争に参加しているようなものだ。「戦争に動員可能な年齢層」の黒人男性の中で一二人に一人が刑務所の中にいて、一二人に一人が死んでいるのだ。

国内戦争の日常化

アメリカが自国民に対して実行しているこの「戦争」が国民に意識されてこなかった理由は、その現象が日常化され、また拡散されていたからだ。軍人たちならば、その現象を強度の弱い紛争と呼ぶだろう。戦略家たちは「封じ込め」、敵を封じ込める、ことを語るだろう。敵を遠いところに固定し、彼らの恐怖と彼らのゲットーの中に封じ込め、有害な行為をすることを防ぐ、というのだ。

二〇一五年、ボルチモアは警官による黒人青年の射殺の後、暴動の瀬戸際にあった。その時、アメリカ国民は気づいた。その事件はさまざまな発生事件の一つではないこと、たまたま不幸にも事態が悪く展開した警官との対決の事件ではないことに。そうではなく、そこではある体制が作用していたのだ。マスコミはボルチモアの警察に関して調査をした。マスコミが発見したことは、二〇一一年から二〇一四年の間に同市は三一七回も市警察の不正な暴力、逮捕、投獄、などの理由で起訴された。これらの三一七回の提訴のうち、一〇〇件ほどが市当局の敗訴となり、同市は四年間で五七〇万ドル以上を、損害賠償のために同市の市民たちに支払わねばならなかった。

このような金額を見れば、誰でも同市の警察の改革をしただろう。市議会で批判勢力が改革運動を起こすべきだった。市にとって警察の実態は恥辱や道徳の退廃だったのみならず、それは実用的な面からだけ見ても、そしてそのような見方こそがしばしばアメリカでは十分なこととされるのだが、それは公金の非常に誤った支出と見なされるはずのものだった。しかし、実際には何も批判は起きなかった。あたかもその支出は戦いのための代価であり、市民の安静のための代価だということで皆が合意しているようだった。

ボルチモアでアメリカのマスコミが見出したことは孤立の事件ではない。例えば、シカゴ市は一九九三年以来、市警察の犠牲者たちに八、五〇〇万ドルを支払った。それでも警察による蛮行は続いている。二〇一五年春、シカゴ市議会は全会一致で、しかも提訴が起きる前に、一七歳の黒人少年ラカン・マクドナルドの家族のための五〇〇万ドルの補償金支払いを可決した。少年は武器を持っていなかったが一人の白人の警官に一六発を撃ち込まれて死んだ。シカゴでは警官の暴力の文化が深く根を張っている。それは一九七〇年代と一九八〇年代にシカゴ警察署長だったジョン・バージの「功績」によるものだった。彼は最終的には一九九三年に彼の部下数人と共に解職された。バージは正に一つの裏警察を設置していて、組織的に拷問を行っていた。

現在のシカゴ市長、ラーム・エマニュエルはシカゴの黒人のゲットーだったサウス・サイドの住民たちに正式な謝罪を何度も行い、バージによる犠牲者たちのための慰霊塔を建てるための支出を承認した。ある都市の当局が自分たちの行為による犠牲者たちに敬意を表するという稀な事例だ。しかし、古い習慣は根強く残っている。最近、一枚の写真がネット上で広く流された。そこにはシカゴの二人の警官が、地面に横になっている一人の黒人受刑者のそばにしゃがんでいるのが見えた。警官たちは満足げで猟銃を手にしていた。そして彼らはその黒人の頭に鹿を虐殺するように発射したのだった。その後、二人の警官は解雇された。

根強い黒人差別

しかし、さまざまな戦争は戦場でのみ行われるとは限らない。支配したいと望む白人の側にとっては、黒人との暴力対決は、たとえそれが常態であっても、それは常にその場しのぎの方法とみなされる。もっと微妙で危険の少ない黒人差別の方法がたくさんある。例えば、地方や連邦議会の議員の九〇％は白人だ。議員たちの六五％は白人の男性だが、彼らは全人口の三一％しか占めていない。これらの議員たちは大学入学者や公務員の場合には積極的差別主義を立法化して、黒人に別枠を与えているのに、その方式を自分たち自身の議会に適用することは避けている。これは残念なことだ。さらに、これらの数字は誤解を招く。地方議員たちは州議員や連邦議員に比べて、自分たちの共同体をより容易に代表できる。しかし、連邦議会や州議会のレベルでは黒人にとっては事態はさらに悪い。バラク・オバマはそれを知っていた。当時、彼はただ一人、黒人の連邦上院議員で、またアメリカ史上、五人目の黒人上院議員だった。彼は大統領になるために上院議員を辞任した。

警察内部でも事態は同様だ。ただ一つだけ数字をあげよう。ＦＢＩ捜査官の中で、黒人は四・五％しかいない。これはアジア系の四％を辛うじて上回る。ヒスパニック系の七％よりはかなり少ない。

このような黒人に対する白人たちの戦いは、戦いとはあえて呼ばれないものだが、そこには協力者たちがいる。

二〇一三年にメリル・リンチ銀行は記録的な罰金一億六、〇〇〇万ドルを科された。同銀行は数百人の黒人行員の昇進を妨害したことで有罪判決を受けた。同銀行はバンク・オブ・アメリカの傘下の商業銀行だ。二〇〇五年以来、同銀行の行員一、二〇〇人が銀行を訴えていた。彼らは集団訴訟を起こすことができた。

彼らの訴えは、銀行が黒人たちに「体系的な人種差別と報復措置を行い、さらに給与制度や昇進にも差別をした」ことに対するものだった。

この提訴がなされた時に、その銀行の社長はスタンレー・オニールという名の黒人だった。彼は実際にはその提訴の内容を否定しなかった。ただそれを説明した。「同銀行の顧客の圧倒的多数は白人であり、その白人たちは自分たちの金の管理を黒人たちに任せることを望まない」と説明した。従って、「黒人従業員を差別待遇することによって、白人たちを満足させずにはいられない」というのだった。

会社の社長の座や国の最高位に黒人がいても黒人差別問題は何も解決しない。むしろ逆だ。

知られざる黒人奴隷の歴史

人種差別問題について、とりわけ黒人たちの運命について、さまざまな歴史的説明が語られてきた。

二〇一四年に世界中が賞讃し、表彰した映画『一二年間、一奴隷の生活』が公開された。要約すれば、それはある黒人、ノーサップに関する物語だった。彼は一九世紀半ばにニューヨーク州に自由人として住んでいた。しかし、彼は誘拐され、南部のいくつかの州で奴隷として売られた。その後、映画の中では、彼は寛容で人道主義的なアメリカ、南北戦争の時には〝善人〟の側に立つアメリカの中に完全に統合されたブルジョワに変身するものとして描かれるのだが、ハリウッド映画のこの素朴さはここでは無視しよう。

この映画が描写していることは一つの記録された現象であり、それは奴隷の売買は禁止されていたが黒人の隷従は禁止されていなかった時代の奴隷の大衆の実情の再現を可能にしたものだった。われわれはいづれにしても、あの黒人たちの歴史はアメリカ人たちに知られているものと思い込むことができよう。しかし、驚くことに現実はそうではなかったのだ。あの大ヒット映画が封切られた時、世間はそれに魅了された。それはその映画の芸術的な質によるのではなく、その映画が示した歴史上の実態の再現によるものだった。

例えば、その映画に関するリチャード・コーエンの評論は次のようなものだった。彼は凡人ではない。ピュリツア賞、フランスで言えば、ジャーナリズムのゴンクール賞に相当するもの、の受賞者で、七〇歳、ワシントン・ポスト紙の最も尊敬される論説記者の一人だ。彼はその映画についてこう言っている。

「私は時々気づく。昔、人々が私に教えたことを私が記憶から消し去るのには数年かかった。例えば、リトル・ビッグ・ホーンでアメリカ騎兵隊のカスター将軍を襲ったのはインディアンたちではなく、事実はその逆だったことなど。そしてまさにスティーブ・マックイーンのあの映画は、私にとって、習ったことを記憶から消しさるという大きな経験の一つだった。小学校以来、私は奴隷制については曖昧な解釈しかもっていなかった。当然に、学校では奴隷制は悪いこと、非道なこととされていた。しかし、また同時に、多数の黒人たちがある意味では奴隷制度の中で自分たちの居場所を得ていた、とも教わった。また奴隷の所有者たちはほとんどが善人で、いづれにしても、皆さんや私のような仲間のアメリカ人だった、とも教わった」。

リチャード・コーエンすらもが奴隷の実態を知らなかったのだから、ましてや誰がそれを知ることができただろうか？

南北戦争とその後の現実

アメリカの国民的ロマンによれば、善意で正直な北部の諸州が、あの英雄的な戦争、南北戦争で、悪と奴隷制と南部の諸州を打倒したことになっている。アメリカは単純思考の国、世界史と人間たちに対しては善悪二元論を抱く国だ。「グッド・ガイ対バッド・ガイ」の対立を現在でもあらゆる所で読んだり、聞いたりする…例えば、中近東の地政学の場合などで。歴史に対する無知の根は深い。リンカーン自身ですらも、奴隷制は「南部の罪ではなくアメリカ全体の罪だ」と言っている。しかし、アメリカで、現在、誰がそのことを知っていて、そのことを教えているのだろうか？

全体的に見て、アメリカは自国の奴隷制度の過去についての最小限の歴史研究のごく端緒にあるにすぎない。アメリカは黒人差別に関わることを逆転させてきた。例えば、過去の過ちを「補償する」ために、（黒人を優遇する）積極的な差別を発明するなど。しかし、その過去の過ちの真の規模を知っているアメリカ人は非常に少ない。例えば、ワシントンでは、「アフリカ系アメリカ人の歴史と文化の国立博物館」、つまり黒人博物館がようやく実現するところだ。それはインディアン博物館の設立よりも遅れることになる。さらにその前にはスパイ活動博物館やジャーナリズム博物館の設立が先行していた。現在、あちこちで歴史的遺物として人々が訪ねる奴隷の小屋は現実のものとはほど遠い、好ましい形に再現されたものだ。

奴隷制に関する学術的研究はまだその初期段階にある。その研究はしばしば任意の諸団体によるものだ。例えば、南北戦争の後、南部の諸州で何人の黒人がリンチを受けたかを人々は知っているだろうか？公式な数字も、徹底的な調査もない。ある任意団体である『平等な裁判の発議』は、一八七七年から一九五〇年までの間に行われた一二の州での合計三、九五九件の異論の余地のないリンチ事件の情報を記録することができた。これは平均して毎週一件だ。この期間に、ただ一人の白人もリンチのことでは有罪判決を受けなかった。逆に、黒人に対するリンチは人気の村祭りのようなものだった。人々は男女、子供連れで、家族で見物に出かけた。行商人が飲食物を売り歩いた。写真家たちがリンチ場面を写して絵ハガキにして、それを人々は友人たちに送った。

一九一〇年から一九七〇年までの間に、六〇〇万人以上の黒人が南部の州から逃れて、北部各地の貧民居住区ゲットーに避難した。現在でも、南部は基本的には北部よりも人種差別的だ。例えば、テキサスのオースティン、それはテキサス州内で民主党優位の稀な町の一つだが、そこでは最近、商店の前に「白人に限定」との張り紙が増えているのを見る。それは確かに商人たちの仕業ではなく、人種差別主義者たちの集団の仕業だ。そのような人種差別主義者の集団の数は減少していると言われ、せいぜい八〇〇くらいと見られている。しかし、彼らのイデオロギーは、今では、「ストームフロント」のようなさまざまなウエブサイトを通してインターネットの上で拡散される。これらのサイトには毎年アクセス数が爆発的に急増している。

リンチの終わった後も黒人に対する暴力は今日まで根強く持続した。警察がその引き継ぎをした。アメリカのすべての黒人家庭では奇妙な儀式が行われる。それは「話し合い」と呼ばれるものだ。黒人の男児が一〇代になると両親は彼をそばに呼んで説明する。その子は黒人の青年になるので、すなわち警察の餌食となる、と。両親は彼に生き延びるための初歩的な助言をする。「警官には決して口答えをするな、決して反抗するな、たとえ最もひどい不公平な扱いをされた場合でも。警官の誤解を招くような行動を取らないこと。警官に発砲する口実を決して与えないこと」など。このような黒人親子の「話し合い」は黒人居住区の中の家庭にのみ限定されるものと思ってはならない。オバマ大統領の下で司法長官だったエリック・ホルダーは、彼自身も彼の息子たちとそのような「会話」をしていたことを公の場で認めた。

メキシコ系住民と黒人の立場との比較

あのアメリカの国民的な物語は黒人たちに与えられた運命について表現を和らげているものだが、メキシコ人たちについては、全く健忘症となっている。ラティノたちについては博物館もなく、罪の意識もなく、「政治的に正しいもの」の適用もない。

最初の歴史的な研究が現在なされていて、二〇世紀の半ばまでの彼らの運命を明らかにしつつある。これに関しては、二人の大学教員、キャリガンとウエッブが彼らの著書、『忘れられた死者たち…アメリカ国内のメキシコ人に対する集団暴力——一八四八—一九二八年』(*Forgotten Dead, Mob Violence against Mexicans in the United States, 1848-1928*) の中で、メキシコ人たちに対するリンチもこの時期に黒人に対するものと同様に数千件に達する、と主張している。これは主として南部の諸州でのことだったが、必ずしもそこに限定されていたわけではない。メキシコとの国境から遠く離れたワイオミングやネブラスカでもそれは行われた。

黒人に対するリンチの場合と同様に、メキシコ人へのリンチもいっさいの訴追や逮捕の対象にはならなかった。ただし、メキシコ人へのリンチは黒人へのリンチに比べて、大衆の祝祭の側面は少なかった。それはおそらく地元の役所などがしばしばそのリンチに協力したことが理由のようだった。このような状況で、一九一八年にはテキサスとメキシコとの国境の村ポーヴェニアで一五人のメキシコ人がリンチを受けた。それはアメリカ側国境警備隊員に助勢された民間のアメリカ人によるものだった。この事件はメキシコでは「血の時間」として知られている。この時のアメリカ側国境警備隊員の過剰な介入の結果、警備隊の体制がいささか改革された。

現在、メキシコ人に限らず、ラティノたちは黒人に次いで、警察の犠牲者となる二番目の人種集団となっている。その他のすべての指標を見ても、医療、教育、所得などの点で、彼らは黒人たちよりもほんのわずか上に位置づけられ、当然に、白人たちからはかなり下に置かれている。さらにこの情報は、公式に認知されているラティノたちに関するもので、不法滞在者は別だ。現在、アメリカ国内には一、一〇〇万から一、二〇〇万人の不法滞在のラティノたちがいると推定されている。彼らは新しい奴隷であり、彼らが南部諸州の農業を動かしている。彼らがワシントンの住宅の芝生を刈る。その住宅の中にはロビーストたちの家や彼ら不法滞在者の運命に関して立法する責任のある議員たちの家がある。

オバマの選出と人種問題

ラティノたちが黒人たちと同様にオバマ大統領を生み出した。彼らはまた彼を再選した。黒人票の九三％、ヒスパニック系住民の七五％がオバマに投票した。白人たちの間では過半数の票を獲得できなかったオバマは、少数民族を代表する大統領だった。彼らの票を獲得するために、彼はたくさんの公約をしたが、彼らを大いに失望させた。彼の実績について、世論は間違っていなかった。調査の結果は驚くべきものだった。

「オバマの就任以来、白人と黒人の関係はどのように変化したか？」という調査機関の質問に対して、回答者の圧倒的多数が、「人種関係は全く進展しなかった」、または、「むしろ悪化した」と回答した。全体的に、「人種関係が悪化したがそれは黒人と白人の関係のみのことではない」との回答があった。二〇一五年の春に『ニューヨーク・タイムズ』のために行われたある調査では、回答者の三分の二が人種関係は悪いと感じていた。

それにもかかわらず、これらの人種集団、少数民族は多数派になりつつある。白人たち、コーケージアンと呼ばれる人たちは、二〇五〇年以前に自分たちの国内で少数派となる。二〇一三年には初めて、アメリカ国内で白人の出生数よりも非白人の出生数が上回った。やがてはアメリカが現実の自身と妥協することが不可欠となる。そうしなければ、アメリカは国が爆発するか、または、警察の暴力と住民たちに対する過度の管理の中にますます深く落ち込むことになる。

民主党はこのことを理解しているように見える。共和党はようやく遅ればせに反応しているが、白人たちの立場を防衛する姿勢の中で態度を硬化させている。そのことがやがては同党を破綻させる。共和党の亜流であるティー・パーティは、いわばまだ出番の来ない、フランスの移民反対論者エリック・ゼムールの影響を受けた少数派のようなものだが、それが共和党を、失敗する運命にある反動主義の増強に向かって引きずっている。白人支配のアメリカは自らを硬直させている。アメリカは状況が手に負えなくなると感じている。そしてこの硬直感から人種間の緊張が生まれる。そのことから、われわれはその緊張がアメリカの神話のみではなく、アメリカのモデルについてもわれわれに再検討をさせるのではないかと自問できよう。

第九章　世界最大の刑務所

高齢者と精神病者であふれる刑務所

灰色の廊下は歩行器、松葉杖、車いすであふれ返っている。天井からは「手術室」「外来診療」などの案内板が垂れ下がっている。病室、否、独房の扉は開いたままだ。ただ、言うまでもなく建物外に出るのはご法度だ。ここはアメリカの刑務所制度の中の高齢者用医療センターの一つだ。ここでは患者は全員受刑者で、それも終身刑だ。そして、彼らの老化、肉体的衰弱は檻の中で進んでいくのだ。

アメリカの司法制度、刑務所制度は一九八〇年代初めに欠陥を見せ始め、今日では高齢者であふれ返っている。五五歳以上が、受刑者数のうち、最も速く増加している年齢層だ。二〇〇〇年には全体の六・四%だったのが、一五年後には一一%近くを占めるようになった。

制度のすべてを再検討しなければならなかった。と言うのは、刑務所は障がい者や寝たきりの者には対応できていなかったのだ。刑務所制度全体について、助手、看護士そして医師を雇う必要がでてきた。また、車椅子のための通路を作らなければならなくなった。当局は受刑者用の透析センターまで作った。ボストン近郊のデブンズのセンターでは一一五人の受刑者が刑務所から出ずに治療を受けている。最も若く、危険でない受刑者は補助者とされ、最高齢の者が起床したり、服を着たりするのを手伝っている。馬鹿げたほどに感傷を誘う光景だ。

当局は状況が悪化するのに恐れおののいている。一般の受刑者の場合には一人当たりに公費が年に二万七、〇〇〇ドルほどかかる。ところが、五五歳以上の受刑者一人についてはアメリカの納税者には年額五万九、〇〇〇ドルの負担となる。

フランスの社会保障制度の赤字や年金制度の破綻と同じようなことがアメリカの刑務所で起こっていると

言える。確かに、ここでは高齢の受刑者がまともに扱われ、治療もしっかり受けているということは皆の認めるところだ。彼らは三〇年~四〇年、さらにはもっと長期にわたる収監の末、病状に応じて必要なあらゆる治療を受けた後に死ぬ。そこにあるのは、いわばがん患者用の刑務所だ。社会にとっては、もはやいかなる危険にもならなくなった人々が……これが時には数十年前からなのだ……人生の最期に近親者たちにも会えず、またそのもとに帰ることもできずに末期のがんで死んでいく。

高圧的な政策

一九八〇年代初め、アメリカは相対的には暴力事件は多くても、犯罪率の安定した国だった。ところが、そのアメリカはとりわけカリフォルニア州知事から大統領になったロナルド・レーガンや元ニューヨーク市長のルディ・ジュリアーニのような共和党員の後押しにより、高圧的な制度を考え出した。そして、その制度は効果が不確定だったのみならず、惨憺たる結果をもたらすことになった。

その裏ではいくつかの要因が複合効果を生んでいたと言えよう。第一の要因は麻薬との闘いだ。クラック（訳注―麻薬の一種）がまだ発明されておらず、また麻薬の密売に関する大小の犯罪が増加していたわけではなかったにもかかわらず、レーガンは麻薬との戦争を宣言した。麻薬の所持は、その種類と分量とは無関係に、犯罪とされたのだ。この戦争により、刑務所がかってないほど満員になってしまった。そして、収監者の大半は黒人だったため、多くの人たちが、その政策の真の目的はアフリカ系アメリカ人に圧力をかけ、抑制するための新しい方式を作ることだったのではないかと疑ったほどだった。

この麻薬との戦争は極めて苛酷なものとなった。刑罰は減刑不可能とされ、また三次犯法により、三度目の犯罪を犯した場合、その内容や初犯、再犯の場合の判決の程度にかかわらず、三度目の判決では自動的に終身刑となるのだった。立法者たちはこの前例のない厳罰制度に犯罪抑止効果があると期待した。しかし、結果的には刑務所を受刑者たちで満たすことになっただけだった。

第二の要因は、アメリカのもう一端に位置するニューヨークでルディ・ジュリアーニ市長がかの「割られたガラス窓理論」を適用して有名になったものだ。この理論は犯罪に対する「ゼロ寛容」とでも要約できるものだった。(訳注〝割られたガラス窓理論〟――一九八二年に二人のアメリカ人J・Q・ウィルソンとG・ケリングが発表した犯罪学に関する理論。建物の一つのガラス窓が破れている時に、それを修理せずに放置すれば、残りの窓のガラスもすべて破られることになる。犯罪予防には最初から厳罰を提唱。)

これらの極端に抑圧的な新しい政策は、少なくとも初めは国民に受け入れられ喝采を浴びたが、アメリカを世界最大の刑務所にしてしまった。成人一〇〇人につき一人が収監されているのだ。世界中の収監者の四人の内の一人はアメリカ人だ。それ以上に受刑者の多い国がほかにあるだろうか。否、だ。中国にせよ、北朝鮮にせよ、そしてイランですらそれほどではない。この厳罰制度の結果は惨憺たるものだった。刑務所は超満員となり、犯罪者たちの学校と化したために、再犯率も類例をみない四三%に達した。

二〇一四年に、収監者の人数は初めてわずかに減った。理由は不明だ。当局が単に遅ればせに問題を認識しただけなのか、財政負担が過大になったためなのか。あるいはカリフォルニア州の場合のように、収監者の人数があまりにも多すぎて、非人道的になり、また新しく収監者を受け入れることが不可能なほどのばかげた事態となったため、連邦政府から、収監者の過剰を解消するために三万人を釈放するように命令が出たのか。そして、このわずかな減少が、長期的な傾向の予兆なのか、一時的な偶然の現象なのか、判断するには早すぎる。

事実、「収監主義」を主張する人々は多い…政治家の間でも、それ以外でも。時間とともに、収監者の過剰のために、各州はますます民間企業に頼るようになった。いくつかの大企業がその市場を分け合っている。これらの大企業は収監者一人当たり、八〇〜二〇〇ドルの日当を州政府から受け取る。収益率は五%ほどだ。悪くない数字だ。もちろん、これらの企業のビジネス活動は合衆国全体と各州の刑事政策に完全に依存している。いったんアメリカの犯罪率が下がればそのビジネスは破滅だ。従って、刑務所ビジネスの大企業は、公言はしていないが、抑圧的な刑事政策が現状のままで続くことを期待しており、そのために彼らはワシントンの連邦政府に対してや、アリゾナ州やルイジアナ州のように、自分たちにとって最も収益性の良い州の知事のもとで活発なロビー活動を展開している。これらの大企業はまた、国の公衆衛生政策も当てにできる。

アメリカでは、刑務所は何の役にでも立つ。例えば、刑務所は精神病院の不足を補ったりもする。アメリカでは精神病患者が野放しにされ、従って遅かれ早かれ刑務所に入れられる運命にある。

刑務所が精神病院の代替か？

一九五五年には住人三〇〇人当たりに精神病院の床数は一床だった。今日では、住人七、〇〇〇人当たりに一床にすぎない。しかも、その減少傾向はさらに年々続いている。毎年、一、〇〇〇床以上が削減されている。病人の数は、逆に増えている。推定では、合衆国では現在、精神病患者の成人の三分の一しか治療を受けていないようだ。

その結果、精神病者が連邦の刑務所や拘置所を埋め尽くしている。収監中の女性の三分の二と男性の半分は程度の差こそあれ、精神障害を抱えている。当然ながら、この人々は塀の外にいた頃よりも多くの治療を受けるわけではない。どの州も、彼らの扱いに困っている。そこで、彼らを「たらい回し」にするのだ。それも文字通りに。例えば、カリフォルニア州は二〇一三年にネバダ州を訴えた。二〇〇八年以来、ネバダ州が、刑期の終了間際の精神病者数百人をカリフォルニア州行きの片道切符を持たせてバスに乗せた、と言うのだ。訴訟記録によれば過去五年間で同じ様な州間の訴訟事例が一、五〇〇件ほどもあった。

最重症の精神病で、その発作時の行動が看守たちの手に負えないと思われる収監者たちは、日常的に殴打され、数時間にもわたってベッドに括りつけられ、化学ガスボンベや電子銃で鎮静させられる。慈善事業団体のヒューマン・ライツ・ウォッチはこれらの事態に心を痛め、看守による苛酷な扱いが収監者の死をまねいた例をいくつも報告している。しかし、統計をとるのは困難だ。死亡の原因を特定するのが当局自身である上に、暴力使用の事例を報告する義務を常に負っているわけではないからだ。そこで、アンソニー・マクマナスのような事例は無数に存在する。

マクマナスはミシガン州で露出事件により逮捕され、バラガ市にある重罪人用の厳重警備つき刑務所に収監された。彼は統合失調症で躁うつ病であり、しばしば拒食したり、食べ物を体中に塗りまくる。バラガ刑務所には精神科治療施設はない。しかし、時々、精神科医が彼に会いに、と言うより彼に独房の扉越しに話をしに来る。次第に、マクマナスの病状が悪化したため…それも当然のことだが…刑務所側は彼の食料を減らし、独房の水道を止めた。看守たちは彼が武器を隠し持っていないかを確かめるために、呆れたことに定期的に彼の身体検査をする。彼が服を脱ぐのを拒絶すると、トウガラシスプレー…デモ隊を離散させるためやクマを追い払うために使われる化学剤のスプレー…で制圧させられる。看守たちは、彼が死ぬ三日前にもまたそのスプレーを使った。死亡時、マクマナスの体重はわずか三五キロだった。

精神病者は収監が原因で死ぬ。彼らはまた時には致命的な薬物の注射でも死ぬ。理論的には二〇〇二年以来、精神病者を処刑してはならないことになっている。精神病者に死刑を宣告することはできるが、執行はできない。そのように最高裁が決めたのだ。ただし、そのためには精神病者が精神病と認定されなければならない。しかし、その認定は州の責任だ。診断書の様式や、そもそもその作成の必要性の有無を決めるのは州政府だ。アメリカの州司法当局がその仕事の責任を回避することは珍しいことではない。

そして、死刑の執行の瞬間がやってきても、精神病患者にとっても、他の死刑囚にとっても何ごとも保証されてはいない。数年前から、欧州連合も、また欧州の大製薬会社のほとんどが、それまでアメリカで使われていた死刑執行用の薬剤をアメリカに輸出するのを拒んでいる。そこで、オクラホマ州、オハイオ州、アリゾナ州などいくつかの州では、死刑執行の支持者たちがミダゾラムなどを配合し、悲惨な結果をもたらす薬品を急造した。それを注射された死刑囚たちは気の遠くなるような無限とも言える時間、死の淵をさまよい苦しみ続けた。長時間の苦痛の事例では、一一七分、つまり二時間近くにも及んだという。この大失敗の結果、死刑は旧来の方法に戻された。ユタ州では銃殺、テネシー州では電気椅子、そしてオクラホマ州やミズーリ州ではガス室の方式に舞い戻ったのだ。

警察国家アメリカ

これらのすべての刑務所を満たし、二二〇万人以上を収監するには、きわめて効果的な警察機構が必要だ。アメリカにはこの点では不足はない。

あまりにも多くの警察組織があるため、全体で何人の警察官が国の警備に当たっているのか分からないほどだ。都市の警察、郡の警察、州の警察、連邦政府の警察（ＦＢＩ）がある。加えて特殊専門分野の警察もある。高速道路の警察、大学内の警察、国境警備隊、国税査察、交通、公園、重罪、たばこ・アルコール分野の警察、等々。

どの警察組織に属しているかとは無関係に、警察官はあらゆる権利を持っているように見える。彼らは検査し、逮捕する…尋問の答えがイエスでもノーでも、特に相手が非白人の場合には。その時には、取るべき唯一の態度は両手を挙げて、抗弁しないことだ。わずかな動作、発言も反抗的と受け取られ、何が起こるか分からない。路上の職務質問の際に、両手をハンドルの上に見えるように乗せていなかったために、警官による電子銃や、さらには本物の銃の一撃を受けたドライバーは数しれない。何も言わず、何もせず、ただ従い、手錠をはめられなければならない。これは警官たちの一貫した方式だ。アメリカの警官は、ほかの何かの行動を取る前に、何も考える前に、まず相手に手錠をはめるのだ。警官たちが射殺したばかりの男の死体に手錠をはめることすらも目撃されている。

アメリカは多くの面で警察国家に見える。サイレンが鳴り響き、パトカーは至るところにおり、警官は常に恐れられている。確かに、警官は人々を圧倒するような格好をしている。アメリカの警官はしばしば大柄で、常に過剰な装備で武装している。その極めつきはスワット（ＳＷＡＴ）・チームだ。

スワット・チーム

ＳＷＡＴとは、特殊兵器・戦術（Special Weapons and Tactics）の略語だ。そして、彼らが特殊なのは事実だ。ハリウッド映画の「ロボコップ」から出てきたように、未来の世界からやってきた、もはや人間とは思えない威圧的で危険な装備をした戦士だ。

モンロー・イサドアは二〇一三年九月に彼らと出会った。アーカンソー州リトル・ロック近郊にいるモンローの隣人たちの一致した意見では、彼は毎週日曜日にミサに行き、自分で小さな庭の手入れをする、感じのいいお年寄りで、皆の賞賛の的だった。何しろ一〇七歳だったのだ。

その九月の土曜日の朝、彼は引っ越しをしなければならないので、孫娘のローリー・バーロー（四八歳）が迎えに行った。モンローは、数日前には引っ越しを楽しみにしていたのだが、いっさい言うことを聞かなくなり、自宅に閉じこもってしまった。警察が呼ばれ、彼を説得しようとした。しかし、モンローの長命の秘密は彼の頑固さにあったのだろうか。彼はいっさい話に耳を傾けなくなり、自分の決意を示すために、中から銃で一発扉に撃ち込んだ。これがやり過ぎだった。警察はエリート部隊のスワットの助けを求めたのだ。

完全武装の頑強な兵士たちが陣取り、家の中にカメラを忍び込ませた。モンローがどっかりとソファに座り、杖を肘宛てに乗せ、ピストルを握っていた。しかし、あらゆる訓練を受けたエリート部隊をおじけさせるにはそれでは足りなかった。スワットは家の中にガスを充満させ、爆発物でモンローを牽制したのち、銃弾を大量に撃ちこんで家を包囲した。こうしてモンロー・イサドアの人生は一〇七歳で幕を閉じた。事件の調査報告書の結論では、警察側の落ち度はいっさいなかった。

スワットのメンバーは陸軍の特殊部隊と同様な装備を備え、訓練を受けている。彼らはまた、同様の独自の判断による行動規範をもっている。最初のスワット・チームはロサンゼルスで一九六五年の暴動のあとで、ワッツの町に作られた。だがそれはすんなりとできたわけではなかった。当時の警察署長はそれに反対しようとした。彼はそのようなチームの設立は危険だと思った。彼は警察と軍の間の分離が必要だと考えていたので、スワットの創設がその分離方式に一つの亀裂を開くことを懸念したのだった。しかし、彼の考えは受け入れられず、大都市の大半はロサンゼルス市の後を追った。ただし、一九八〇年代の半ばには、まだ中都市のうちわずかな割合…たった一五%…だけが同様の警察部隊を作る必要があると考えていたのだが、その後、事態は急展開した。今日では人口二万五、〇〇〇人以上の都市の九〇%以上がスワット・チームを有している。

重装備をする警察と民間人犠牲者

このように警察機構が軍事機構へと向かう逸脱した流れは、ファーガソンからボルチモアまで見られた近年の人種差別的な警察の失態事件によって鮮明になった数々の暴動の際に、世界中の人々が認知したものだ。それでも、いずれにせよそれほど多くはないデモ参加者を食い止めるために、アメリカの警察は装甲車を展開させる。警察官は戦争用の兵器でデモ参加者たちを狙い撃ちする構えを見せる。M一六式のサブマシンガン、大口径の機関銃、スナイパー用の夜間射撃用照準器付きの精密ライフル等。彼らはまた、ヘルメットをかぶり、防弾チョッキと毒ガス用マスクを身につけ、迷彩服を着ている。まるで最悪期のチリ、サンチアゴの近代化版を見ているかのようだ。

これらのことのすべてはわれわれに深い不安感と、ある種の既視感（デジャヴュ）を与える。それもそのはずだ。これらの装備、兵器、これらの武器を持ち、ヘルメットをかぶり、迷彩服を着た男たちをわれわれはすでによく目にしている。この一五年間、イラクやアフガニスタンからの報道のたびに彼らはわれわれの日常生活の中に飛び込んできた。アメリカの町々で使われているのはそれと同じ装備だ。それも全く同じものだ。と言うのも、国防省（ペンタゴン）には一〇三三プログラムという特別のプログラムがあり、軍の装備を警察に売却することができるのだ。バグダッドやファルージャに平和をもたらす目的の部隊と同じ装備の部隊が、今日、ボルチモアやクリーブランドの通りを駆け抜けているのだ。

このプログラムの策定された一九九七年以来、ペンタゴンは軍の装備を四三億ドルでアメリカ中の警察に売却した。オバマ大統領もこのプログラムを再検討しないどころか、むしろ逆だった。例えば、ホワイトハウスは二〇一三年のボストンマラソンでのテロ事件の際に、警察が軍隊並みの装備を有していたことが、いかに役立ったかを強調している。しかし、この事件は、二人の男がリュックサックの中に隠し持った圧力鍋に爆弾を仕掛けて行ったのであり、当局の言い分は疑問を招く。オバマ大統領はそれでも警察の軍事化にはいくらかの制約を課すことを望み、例えば、キャタピラ車での警察部隊の輸送や、あまりにも大口径の機銃や、銃剣の使用を禁止したのだった。

アメリカの警察官が、自分が兵士に変身することを正常で有益なことだと考えているとしたら、それはとりもなおさず、自分がほとんど常に敵地にいると思っているからにほかならない。多くの場合、民間人が敵となるのだ。そして、警察官の仕事が危険であるのは事実であり、二〇一四年には五一人が命を落とした。ほぼ一週に一人だ。そして、この傾向は強まっている。通りをパトロールする警察官たちの主な関心事は、夜に自宅に帰れるかどうかであり、犯人と対峙するたびに、これが最後かもしれないと思う。彼らは自分たちの身の安全のためには実際には何でもする用意がある。

住民と警察の断絶

住民と警察の間の断絶、溝は広がりつつあるが、アメリカはそのことを十分には認識していない。惨状が明るみに出るには、派手な暴動や警察側の失態が必要だ。そもそも毎年、何人が警察によって殺されているのか分からない。警察はこうした事件の記録を取る義務は全くないし、たとえ、特例的に記録を取ったとしても、その記録を公示する義務はない。

ただし、一つの「公式な」とされる数字が出されている。ＦＢＩの数字だ。それによれば、例えば、二〇一二年に四二六人の死者が出たのに対して、二〇一三年には四六一人だった。この傾向は興味を惹くものだが、その数値そのものは、周知のように全く意味をもっていない。この数値は、いくつかの州が、警察との衝突の結果、「正当化された」死者の数を自発的に公開したものの総計だ。

警察による殺人というこの現象を監視している人たちや、非公式な報告書や、数多くの市民組織は全く別の数字をあげており、それらが信頼できるとされていて国内の大手のメディアに採用されている。それは年に一、一〇〇人の犠牲者という数字だ。つまり、一日に三人近くだ。

これらの数字は警察の「職業文化」の漂流を裏づけている。常に身の危険を感じている警察官たちは、こうして一種の殺人の許可証を得ているかのように考えている。このような統計の欠如はまた、ごく少数の人々だけが批判しているものであり、アメリカ社会が、あらゆる人種集団にわたって、いかに暴力を甘受してしまっているかの程度をも十分に物語っている。

実際に、誰でもが警察の失態の犠牲者になっているのだ。第一の犠牲者は原住民、すなわちインディアンだ。彼らはアメリカの総人口の一％未満に過ぎないにもかかわらず、警察によって殺される全人数の二％を占める。次に犠牲となっているのは黒人だ。全人口の一七％にもかかわらず、殺される人数の三〇％を占める。ただし、警察によって殺される人の二人に一人は白人だ。そして、肌の色とは無関係に、一〇人の犠牲者のうち二人は精神病者だ。警察官の圧倒的多数は、このような、特殊とは言え珍しくない、精神病者に相対する状況を鎮静化するための訓練を受けていない。確かにＣＩＴ（Crisis Intervention Training; 危機介入訓練）という特別プログラムが存在するが、全国の警察官のわずか一五％しかそれを受けていない。

一般に思われていそうなこととは逆に、警察による殺人の事例が最も多いのは大都市ではなく、モンタナ州、ニューメキシコ州、アリゾナ州等の南部と西部の諸州だ。警察の失態によって死者が出たことをメディアが報道するたびに論争が再燃する。しかし、すぐに打ち消されてしまう。連邦議会は、全国の一万八、〇〇〇人の警察力の機関に統計を作成し公開することを強制しうる唯一の立場にいるにもかかわらず、この問題を取り上げたことはない。

オバマ政権はこの問題にもっと敏感かと思われた…特に、二〇一四年八月にファーガソンで始まった一連の悲劇的な事件の後には。そこではどれも非道な状況下で記録的な数の黒人たちが殺害された。確かに、事件のたびに大統領は厳粛な声明を出した。しかし、実際のところ、オバマ大統領のもとでは警察は最も極端な事件においてすら常に政権側の支持を受けた。そして、その責任者は、初の黒人の司法長官エリック・ホルダーだった。

警察と精神病患者

テレサ・シーハンの事例はこのような状況を特に説得的に伝えるものだ。彼女はサンフランシスコの精神障害者用センターに収容されていた。二〇〇八年八月、当時五八歳の彼女は発作を起こした。いつもの薬を飲むのを拒み、介護士をナイフで脅した。介護士は直ちに警察を呼んだ。到着した二人の警官に、彼女は自分を放っておいてほしいと言い、再びナイフを振りかざした。警官たちは一旦廊下に退却し、応援を呼んだ。次に彼らは突然、考え直した。彼らは、「彼女が窓から逃げるのかと恐れた」と後に説明したのだが、事態を終結させようと、扉を破った。テレサはまだ、ナイフを持ったまま、そこにいた。警官たちは彼女にトウガラシスプレーをかけ、銃弾を浴びせた。全部で六発だった。奇跡的に、数発を体に受けながらも、テレサは生き延びた。

退院した彼女は、警官たちを訴えることにした。しかし、カリフォルニアの裁判所は彼女の訴えを退けた。もちろん、彼女の弁護士が主張したように、精神病者に対しては逮捕の手続きが健常者に対するものとは異なるべしと定める法律は存在するが、裁判所によれば、この法律は公共の安全が脅かされる場合には適用されないのだ。テレサは、「自分は誰にも危害を加えようとしておらず、ただ、一人にしておいてほしかっただけであり、警官たちの二度目の強襲が事態の悪化を急展開させたのだ」と主張したが、無益だった。そこで彼女は合衆国最高裁にまで上訴することに決めた。

ここでオバマ政権が介入した。全力を挙げて警官たちの行為を正当化しようとしたのだ。毎回、例外なく、司法省は警察の側に加担した。その理由は、警察官に迫る脅威や、その脅威の認識が武力の行使を正当化する、というものだった。テレサ・シーハンの事例は非常に衝撃的ではあるが、特に稀なものではない。例えば、二〇一五年に司法省は独房の中の手錠をされた収監者に対して電子銃を使用したウィスコンシン州の看守たちを擁護した。

これらのオバマ政権の姿勢は、想像されるとおり、大きく公表されるものではない。公衆はそのことを知らされないし、警察官たちもしばしばそうだ。大都市警察署長協会の会長ダレル・W・スティフェンズ自身が『ニューヨーク・タイムズ』紙に対して次のように認めている。「ホルダー氏と司法省がいかに彼らを最高裁において擁護しているかを、警察官たちはほとんどの場合、知りません」。そして、ホルダーについては、「司法長官ホルダー氏は誠実ですよ。彼は警察にとって大事な支援者ですよ」とつけ加えるのだった。事態が改善しない理由はここにあるのかもしれない。連邦上院でも連邦下院でも、いかなる改善のための発議も起こさない、地方から選出される議員たちのデマに、連邦政府の二枚舌が共鳴している。彼らはメディアに対しては憤慨してみせるのに、議会に対しては弱いのだ。

ボランティア協力者

それでも誤解してはならないのは、警察は国民の多くの層に強く支持され続けていることだ。とりわけ白人の共和党支持者たちからだ。彼らが、「ボランティア」の大部分の供給源だ。「ボランティア」とは、無報酬だが武器を携え、退屈しのぎに警察の補佐を行う人々だ。総勢数千人、おそらくは数万人いるだろうが、ここにも信頼できる統計は存在しない。いずれにしても、例えば、人口四〇万人ほどのオクラホマ州のタルサ市の警察署長は一二八人のボランティアを頼りにすることができる。そのうちの一人、ロバート・ベーツ（七三歳）は以前、保険の営業マンをしていた。

ベーツは「警官と泥棒」遊びが大好きで、彼はもちろん、警官の役だ。二〇一五年四月のある日、彼はいつものように、本物の警官たちと一緒に逮捕の場に立ち会う。容疑者が地面に押さえつけられながらも暴れたので、ベーツは電子銃を使って警官たちに手を貸そうとした。ところが、彼は誤って自分のピストルを抜いてしまう。容疑者のエリック・ハリスは即死する。ベーツの高齢では武器を持ってこのような取り締まり活動に参加することは決して許されるべきではなかった。しかし、彼は警察署長の大の友人で市警察への大口寄付者だった。現場は警察により動画撮影された。ベーツはそこで「殺しちまった。申し訳ない」と必死に謝っている。法廷において、ベーツは無罪を主張し、二万五、〇〇〇ドルの保釈金と引き換えに自由の身となった。町を離れることができ、彼は「警官ごっこ」とは別のもう一つの趣味であるバハマ旅行に出かけた。

第一〇章　ビッグブラザー

監視されるジャーナリスト

当人にとっては最も不幸なことだが、この人が一人で合衆国における報道の自由の限界をまさに例証している。もしビッグブラザーが存在しているとすれば、ジェームス・ライゼンこそ、まさにその怪物に出会った人物だった。

ライゼンはどこから見ても欠点のない、アメリカが生みだした、誇らしく思っているジャーナリストの一人だ。中産階級のサラリーマンの息子で、成績優秀で、ノースウェスタン大学のメディィル・スクール・オブ・ジャーナリズムを修了している。既婚で、子供は三人。いくつかの中堅の新聞社からスタートしたのち、『ロサンゼルス・タイムズ』に採用された。一九九五年からCIAを担当し、一九九八年に彼の実力が社会的に公認されて、ついに『ニューヨーク・タイムズ』に採用された。二〇〇一年に、編集長から、九・一一を可能にした公安情報当局の欠陥について何人かの同僚とともに調査するよう命じられた。彼らの仕事はたいへん優秀で、二〇〇二年にジャーナリズム界のノーベル賞にあたるピューリッツァー賞を受賞した。二〇〇二年は彼ライゼンにとっては大成功の年であるとともに、彼はまだ知る由もなかったが、彼の人生が暗転する年でもあった。

この年の三月、ジェームス・ライゼンはCIAの元職員で、人種差別のかどでその勤務先に対する訴訟を起こしていた黒人のジェフリー・スターリングに関する小さな記事を書いた。事件自体はそれほど大衆の興味を惹くようなものではなかったが、そのために二人の男は互いに接近し、これが後に彼らにたいへん大きな代償を払わせることになった。

二〇〇二〜〇三年に、ライゼンはアメリカの情報機関、とりわけCIAに関する調査を続けていた。イラクに侵攻するためのブッシュ政権の公式の論拠、すなわちイラク内での大量破壊兵器の存在の真偽を問題にし、さらにＣＩＡの秘密作戦…マーリン作戦…を暴露する。この作戦は、イランの核開発計画を妨害するための巧妙な作戦だった。その筋書きはまるで映画のようだった。アメリカはあるロシアの科学者を抱き込み、核弾頭の部品の一部に関する偽の情報をイラン側に提供するように強要したのだった。

時は二〇〇三年、イラク侵略の年であり、『ニューヨーク・タイムズ』とブッシュ政権との関係は緊張していた。ライゼンの過去の記事は当時のホワイトハウスの好戦的な連中を苛立たせた。『ニューヨーク・タイムズ』と政権との対決の中で、ライゼン――と言うよりもむしろ彼の記事――は忘れ去られていった。しかし、ライゼンは落胆しなかった。二〇〇四年、彼は『ニューヨーク・タイムズ』にもう一本のスクープの種を提供した。アメリカ政府が、当時すでに、数千人もの市民を裁判所の許可なしに盗聴していた、というものだ。今度は彼の上司たちを慎重にさせたのは戦争ではなく、近づきつつあった選挙と、当時、最高潮に達していた選挙運動だった。二年間で二度目のことだが、彼の調査記事は、選挙に差しさわりのあるものとして不採用になった。

それはひどすぎる扱いだった。今回はライゼンは障害を迂回することを決意して、『ステート・オブ・ウォー』(Stat of War, 戦争状態と戦争の国家との語呂合わせ）の執筆に取り掛かった。結局、この本は二〇〇六年に出版され、とりわけ彼の二本のかって発禁となった記事の内容がその中で伝えられたおかげもあり、たちどころにベストセラーとなった。

ＣＩＡと政府全体が非難の声を上げた。両者とも、ライゼンの主たる情報源はジェフリー・スターリングだと考えた。こうしてこのＣＩＡの元職員とこのジャーナリストにとっての地獄の九年間が始まった。

ジェームス・ライゼンはもちろん情報源を明かすことを拒否し、犯罪捜査の対象となり、絶え間なくいやがらせを受けることになった。「刑務所に入れられるとの脅威から、初めは身がすくんだ」とライゼンは二〇一五年に『ヴァニティ・フェア』誌で打ち明けた。「ただ、その脅威はあまりにも長く続いていたので、しまいには背景の騒音のようなものの中に溶け込んでいった」。いずれにしても、その数年間、ライゼンは信じがたいほどの監視の対象となった。当人の知らないうちに、捜査官が彼の電話での会話を事細かに調べ、Eメールを解読し、クレジットカードや銀行記録を調べ上げ、飛行機での移動を監視した。捜査官たちはライゼンが息子の一人にあてた電信送金まで子細に調べた。目的は、調査をするだけではなく、ライゼンを罰し、彼を参らせることだった。しかし、ライゼンは屈しなかった。

他のジャーナリスト、そして政府職員の場合

ライゼンの事例は戯画的だが、孤立したものではなく、オバマ政権下で、むしろ同様の事例が増えていった。二〇一三年には、驚いたことに、かのAP通信のジャーナリスト二〇人が極秘の内に政府によって盗聴されていたことが判明した。その目的は、さまざまな連邦政府の機関の中にあるとみられた彼らの情報源を探ることだった。それはアメリカの報道の歴史において前代未聞の事件だった。同じ災難が少し後に『フォックス・ニュース』の一人のレポーターに降りかかった。『ニューヨーク・タイムズ』と『ワシントン・ポスト』のジャーナリスト数人も、彼らの政府内部での情報源を明らかにするための、政府による捜査と監視の対象となった。それはまるで、政府がテロとの戦いを名目にして、自分にとってのいかなる規制も免除するように決心したかのようだった。当局は、報道の自由への侵害に少しでも合法性の外装を与えようとして、一九一七年に制定された「スパイ法」までをも復活させた。この法は、制定されてから二回しか適用されていなかったものだが、オバマ政権下では六回も適用されることになる。

被害を受けているのはジャーナリストばかりではない。彼らへの情報提供者とされている人たちも被害者だ。ジェフリー・スターリングは結局、二〇一五年五月一一日に禁錮刑三年半を言い渡された。検察は二〇年以上を求刑していた。彼の妻が大統領の寛大な措置を求めたが、無益だった。事態の観測者たちによれば、オバマ政権はこの事件できわめて厳格な態度をとることによって、すべての潜在的な内部告発者たちに警告しようとしたのだ。さらに、オバマ政権はかつてないほど多くのジャーナリストを訴追しただけでなく、その前のいかなる政権よりも多くの連邦機関の役人を訴追した。

九・一一と一六の頭を持つ怪獣

九・一一はアメリカを病的に疑い深い偏執狂にしてしまった。たとえテロリストたちの真の勝利がまさにそこにあったとしても、そのアメリカの反応はもっともなことだ。一五年たった今、アメリカはまだ警戒意識下にあるとは言え、落ち着いたかのように思いたい。

しかし、現実は逆だ。オバマ大統領はこの現実を受け入れ、さらに公の場で警戒態勢を正当化している。二〇一三年六月に「一〇〇%の安全と一〇〇%の私的生活の保護を同時に得ることはできない。われわれはちょうどいい両者のバランスを見つけられたと思う」と彼は語った。これは恐ろしい、民主主義のあらゆる基盤や、公的な自由の原則とさえ矛盾した言葉だ。驚くほど概念的に貧弱なものだ。まるで、安全がさまざまな種類の自由のうちで第一のものであることや、自由が国家の行き過ぎた行動に対するまさに唯一の安全装置であることを無視するかのようなものだ。しかし、全体主義に向かう誘惑、あるいは、少なくとも権威主義に向かう誘惑が絶えないアメリカでは、オバマ大統領のこの言葉は英知の一つの記念碑として見られた。

オバマ大統領は、言動を一致させるために手元にあらゆる手段を有している。それは九・一一のあとに作られた、一つの怪獣とも言えるものだ。一六の頭、すなわちテロリストたちを追跡するための一六の政府機関を持つ怪獣だ。この怪獣を養うためには金に糸目はつけない。五〇〇億ドル以上の予算があり、これに軍が直接資金を出しているプログラムの約二〇〇億ドル分を加える必要がある。これは、教育の予算額や、農業省に司法省とアメリカ航空宇宙局（ＮＡＳＡ）を加えた予算額を超えている。

この一六の機関は、緊密に連携する建前ではあるものの、互いに激烈な競争を繰り広げている。それぞれの予算は、五〇〇億ドルの総額の一部なのだが、その取り分は各機関の実績による。

そしてテロリストを見つける必要があるからには、これらの機関は彼らを見つけるのだ。捜査官がスパイとしてある組織に侵入しそこで一人の哀れな男にテロ事件を起こすようにそそのかすという事例は数しれないほどだ。仮面の捜査官はその男が武器や爆発物を入手するのを助けた後で、その男を逮捕させ、メディアの上で勝利宣言をする。〝いかなる時にも公共の安全が危険にさらされたことは無い〟と。

さらにテロを計画しているとする不当な通報、不当な容疑などの当局側の失態は無数にある。次の例がある。一人の『フォックス・ニュース』の不幸な記者はアルカイダの補充志願兵と誤認された。彼は自分と妻のためにイスタンブール行きの片道切符を買っていた。彼は欧州への大旅行を計画し、どの国でそれが終わるのか、従って帰りはどの国から帰国するのか、決めていなかったので片道切符を買ったのだった。彼の冒険旅行の計画は彼のすべての期待を越える次元のものとなった。数年後になってもその記者は鋭敏なテロ対策捜査官たちを説得することができず、飛行機の国内便を使うこともほとんどあきらめている。

防ぎ得たはずの九・一一事件

テロ防衛のための怪獣組織は一〇万人以上を雇用しているが、なかでも君臨するのはCIAだ。CIAは、古典的な情報機関とはほど遠い性質のものだ。それは長年の間に、準軍事的な能力を備えるにいたった。尋問を行い、収監し、そこかしこで介入し、テロリストの嫌疑をかけられた者を抹殺するための専用のドローンを使う。CIAは今日では二万人以上の職員を擁し、その数は年々増えており、二〇〇一年に判明したさまざまな欠陥や、二〇〇三年にイラクに侵攻するために捏造されたさまざまな虚報の後遺症などは全くない。

九・一一の後、アメリカは最も単純で、当然の対策を打った。すなわち、立法による警備体制と軍および警察機構を戯画的と言えるほどの方法で強化したのだ。愛国者法の非常事態規定を適用して、監視を全般化し、即座にテロリスト容疑者を抑圧した。しかし、より子細に検討すれば、これらすべては、おそらく必要ではなかったと思われる。アメリカはすでにその安全を確保するために必要な手段はすべて有していた。その証拠に、FBIやCIAの何人かの職員が、もう少し謙虚で有能でありさえすれば、九・一一は防げたのだ。

この事件は、信じがたいようなものだが、フィリップ・シェノンによって『ニューズ・ウィーク』誌上で詳細に明らかにされ、ミネアポリスの元女性FBI捜査官コリーン・ローリーによる、議会での宣誓証言によって裏づけられた。この事件は公にされたものであったにもかかわらずアメリカ国内ではあまり知られていない。それはもっともなことだろう。

二〇〇一年八月、正確には一七日に、FBIの特別捜査官ハリー・サミットがミネアポリスの自分の事務所でザカリアス・ムサウイを尋問していた。ムサウイはフランス人で、九月一一日に、結局飛行機には乗らなかった、二〇人目のテロリストだ。「トップガン」と言われる飛行学校の元訓練生であったサミットは、ムサウイがテロリストで、なんらかの旅客機のハイジャック事件に加わろうとしていると確信していた。彼がムサウイを疑ったのは、地元の飛行学校から得た情報をもとにしていた。ムサウイの態度、教科内容に関する彼の奇妙な要求、授業料を現金で支払っていたこと、これらすべては教官たちの疑念を招き、それがサミット捜査官の耳に入っていたのだ。

サミットがムサウイを逮捕して尋問できたのは、ムサウイのビザが数日前に切れたからであり、サミットはすぐに確信をもったが証拠はなかった。ムサウイの自宅を家宅捜索したり、コンピューターを調べるためには連邦裁判官からの令状が必要だった。そこでサミットは組織の上層部に訴え出た。彼の最初の報告書はワシントンの本部で尊大に却下された。サミットは、時間がないと判断し再度訴え出た。ミネアポリスの彼の直属の上司は彼を支持した。

八月二七日、ワシントンのFBI本部の無為無策に業を煮やしたサミットは地方官僚がとりうる最大のリスクをとって、本部に電話をかけた。そして、電話口に出た彼の上司たちでもある複数の相手に説明した。「ムサウイは飛行機をハイジャックして標的に衝突させようとするある陰謀に加わっている」と。相手方は彼の説明に丁寧に耳を傾けた。ところが、ムサウイは収監されていたため、本部のお偉方は危険はないものと判断してしまった。FBIとホワイトハウスの連絡係をしていたマイケル・ロリンスは、ムサウイの件について「二〇秒間」説明を受けた、と後に証言した。それでも、一つの報告書が当時のCIA長官、ジョージ・テネットの手元に届いた。その報告書の主題は「イスラム過激主義者たちが飛行機の操縦法を教わっている」

というものだった。それは本来ならば、あらゆる情報機関において警鐘を打ち鳴らすはずのものだ。ところが、何も起こらず、報告書は葬り去られた。

二〇〇一年九月一一日、八時四六分に最初の飛行機が一つ目のタワーに衝突すると、サミットとともに調査に当たっていた女性捜査官のコリーン・ローリーが即座に、ワシントンの本部にムサウイの自宅を緊急に捜索するための令状を要求した。すると答えは「これは偶然の一致にすぎない」というもので、「何も手を出さず、冷静になって、貴女の言う田舎の疑似テロリストのことなど忘れなさい」と厳命されたのだった。ＦＢＩがやっと連邦裁判官に捜査令状を要求したのは、四機目の旅客機がペンシルベニアに墜落した後だった。ミネアポリスのＦＢＩ捜査官たちはムサウイのコンピューターの中から、テロ準備の証拠と、陰謀の資材提供担当者で、他の一九人のテロリストと連絡をとり、彼らに送金をしていたビン・アルシブの連絡先を発見した。

アメリカはこのように、九・一一を防ぐための物理的手段も緊急事態法の適用などの法的手段も充分に有していたのだ。それでも、政府は即座に新たに「愛国者法」と、それに付随して、国民の基本的自由の一連の制約を定めたのだ。あの事件の明らかな徴候に当然気づくべきことを見逃した無能な担当者たちは、全員昇進した。

ここで、フランスでもほぼ同様のことが起きたことを考えると茫然とせざるをえない。モハメド・メラ[1]からクアシ兄弟[2]の事件にいたるまで、すべてのテロは警察当局によってすでに存在の知られていた人物た

1　二〇一二年三月一一日、フランスのトゥールーズで七人を殺害

2　二〇一五年一月七日、パリで『シャルリーエブド』誌を発行する事務所を襲撃、一二人を殺害。

ちによって行なわれた。それにもかかわらず、フランス政府は何がうまく機能しなかったのか、なぜ警察による監視が失敗したのかを追究するよりも、普通法の限度を超えた法的武装強化を選んだ。事件の後の政府によるこのような反射的な措置は、自己批判を避け、保安の業務の上で過ちを犯した人たちの赦免を可能にする。「彼らは保安の業務を正しく行うために必要な法的手段を有していなかったのだから」ということを理由にするのだ。

特異な諜報体制

複数の緊急事態法、一六の治安機関、数百億ドルもの予算、一〇万人の特別捜査官を備えたアメリカはテロリストたちにいかなる機会をも与えないとの構えだ。なかでも、一つの機関が特別に有名になった。NSA（アメリカ国家安全保障局）だ。それも、どんな人が考えていたよりもはるかに有名になった。

「爆弾」は二〇一三年五月二〇日に爆発した。この日、全く無人の三〇歳の情報技術者、エドワード・スノーデンが、ハワイのNSAの勤務先から失踪した。そして、世界にアメリカの諜報活動の規模を暴露することになる数十万の秘密ファイルを持ち出した。その事件は今日ではすっかり知れ渡っている。電話、Eメール、SNS、医療ファイルやビジネス通信のような暗号化された交信など、NSAはあらゆるものとあらゆる人々の通信を傍受し、その暗号を解読する…メルケル首相やオランド大統領のような友好国の指導者から、外国人、アメリカ人を問わず単なる市民まで。この暴露が惹き起した反響はすさまじいものだった。スノーデンは、しばらく香港に逃れていたが、のちにロシアに亡命した。その間、フランスを含め、西側諸国がことごとく彼の受け入れを拒絶したのだった。

現在、スノーデンはアメリカを含め、世論の大部分によって英雄と見られている。しかし、オバマ政権からはそうは見られずに、アメリカに帰国すれば数十年の禁錮刑を科すとされている。

スノーデンによる暴露は、いくつかのことを明るみに出した。まず、完全に常軌を逸していると見られ、さらにその有効性が証明されていない大規模の盗聴システムだ。その機能について知れば知るほど、それはコントロール不能な、狂気の不合理な機構だと思われてくる。

スノーデンの暴露によってぼんやりと見えてきたのは、外界との連絡を遮断した諜報の世界だ。NSAとこの総合的な諜報プログラムを指揮しているのは、キース・アレクサンダーという将軍であり、陸軍の情報機関の長であった時に、映画『スター・トレック』の指令室の忠実な複製のような「情報管理センター」を彼のもとに作らせた人物だ。彼の指揮下で、NSAはひたすら盗聴のための盗聴を行う。技術進歩が可能にする限り、つねにより多くの盗聴を。しかし、NSAはすべてを聴くが、ボストンのテロ事件前のツァルナエフ兄弟のことも、イラクやシリアで前進を始めているイスラム国の軍団のことも、結局は何も聞こえてはいない。それでも、その指導者たちは「これは有効なのだ」と手を左胸に当てて断言する。ただ、彼らは防衛機密の名のもとに、当然のこととして、このシステムの有効性のいかなる証拠を挙げることをも拒む。こうして、NSAはより高度な施設を求め続け、現在、ユタ州の無人の地、ブラフデールに二〇億ドルの大金をかけて、超秘密の新情報処理センターを建設している。

スノーデンによる暴露はアメリカはもちろん、世界中に衝撃を与えた。情報技術の巨大企業――グーグル、ヤフー、フェイスブック、ツイッター、マイクロソフトなど――は、これらの大いに疑義のある盗聴の合法性を問題にして司法当局に訴え出た。オバマ大統領は問題の深刻さを認識し、これらの企業の社長たちを宥和するために彼らをホワイトハウスに招いた。

　これはほとんど空振りに終わった。グーグルの二人の創業者の一人ラリー・ページは招待に応じず、代理に無名の部下を送った。そして全員が反撃に出た。超高性能の暗号化技術の開発に数百万ドルを投資したのだ。今日では彼らの顧客たちの間の交信はほぼ解読不能だ。そして、アメリカの国民自身も行動様式を変えつつある。スノーデンの暴露から二年たったところで、アメリカ国民の三分の一は行動を改めたと言っていた。SNS上でより慎重になって、プライバシー設定をより厳しくしたりしている。

　モスコーの亡命先から、エドワード・スノーデンは歴史の不条理について思いを巡らすことができるだろう。こうして彼は、ウィキリークスの創設者ジュリアン・アサンジと同じように、収監を恐れて亡命している。アサンジの主たる情報源の一人で、イラクでのアメリカの暴虐に関する情報の漏洩の元となったブラドリー・マニングも収監されることを恐れて避難している。

　彼らの罪は、真実を語ったことだ。彼らの運命をとりわけデビッド・ペトレアス将軍のそれと比べたら、何という皮肉だろう。ペトレアスは真のアメリカン・ヒーローとされている。イラクにおける駐留軍の元司令官でもあるが、特に元CIA長官だ。一見真面目な男だが、防衛機密に指定された資料を彼の伝記の作家にして愛人だった女性に渡したのだった。彼はこの連邦法違反の犯罪――確かにそうだと思われる――のために、裁判にかけられたが、罰金を科されただけですんだ。今でも、このスパイの大親分にして勇敢な軍人は寝物語で情報を漏洩したにもかかわらず、誠実な人物とみられている。メディアの前に堂々と胸を張って現れ、イスラム国対策について妥当と思われるアドバイスを与えたりしている。

アメリカの自由

アメリカは自由の国を自称しているが、その自由の観念はかなり特異なものだ。そして、その問題は今に始まったのではない。全体主義への誘惑は、重々しい社会的制御や、秩序への愛好や決して非難されることのない密告への愛着心などの性癖の裏に隠れて、常に存在したのだ。

歴史上のいくつかの時点で、アメリカ人は自分たちの国を全くの警察国家に変えてしまったことすらある。例えば、一九五〇年代の「マッカーシズム」と呼ばれた時代がそうだった。冷戦の真っただ中に、アメリカは内なる敵である共産主義者の追跡に熱中した。数百人のアメリカ人が投獄されただけでなく、数万人が職を失い、社会から追放された。

この柔らかな全体主義は、人の命を奪ったり、国外追放はしないが、人を社会的に抹殺し、七年もの間、その奇行が懸念されることなしに適用された。そのもっとも著名な被害者のリストを見れば、いかにそれが愚かなものであったかが分かる。アルバート・アインシュタイン、オーソン・ウェルズ、チャーリー・チャップリン、レナード・バーンスタイン、などその他多数だ。この時代にはまた、同性愛が疾患のように思われ、家族秩序さらには社会機構全体を侵害するものだと考えられた。ＦＢＩは同性愛者のブラックリストを作り、彼らを監視した。そして、そのために当時制定された警察機構と手続きの大部分は今日まで持続しているのだ。

テロとの戦争の名のもとにアメリカは自国民を盗聴し、ジャーナリストをおじけづかせているが、それは昔のものに技術進歩が加わったもので、あの共産主義への戦いと瓜二つのように似ている。「共産主義者」を「テロリスト」に置き換え、「同性愛者」を「イスラム教徒」に置き換えれば、九・一一後の「愛国者法」版の新マッカーシズムとなる。自由ということをこのようにある一つのシステムの内部でしか考えられないというのは、不可解なことだ。まるで、金魚鉢の内部でなら何でも行動を許される金魚の自由のようだ。

第一一章　神の御心のままに

公的生活と宗教

ケンタッキー州ローワン郡裁判所の書記、キム・デーヴィスは気持ちが少し高ぶっているようだ。自分の執務場所と訪れてくる人々とを隔てるカウンターの後ろで、彼女は同性愛のカップルと向かい合っている。二人の男性が結婚証明書をもらいに来ている。分厚いメガネ、つやのないブロンドの髪、くるぶしまでの厚手のスカートの彼女の答えは冗談を言っているのではないかと思われた。二人の男性たちは法的には当然に受け取る権利のある書類を依頼したのだが、彼女は静かに拒絶した。彼女は理由を述べた。自分にとっては、この書類を出すか否かは「天国か地獄か」の問題なのだ、と。その意味は、その書類を渡すか否かによって、彼女自身が神に救われるか否かが決まるのだ、ということだった。…従って、彼女自身がこの悪魔的な書類に印を押したり、自分の部下たちが押したりすることなどはありえない、と言うのだった。

彼女は部下たちにそのように厳命し、自分の執務室に戻って扉を閉めた。合衆国では同性間の結婚は合法であるため、その男性カップルはのちに結局、証明書を手に入れたのだが、キム・デーヴィスから手渡されたのではなかった。デーヴィスは自分の信念に従ったことで、数日間刑務所で過ごし、それから自分の職場に戻ることを選択した。すべての共和党陣営…あるいはほとんどの共和党陣営…が、デーヴィスの法との対決の中で彼女を支持した。共和党による公認を目指す候補者たちのほとんどが彼女の支援に殺到した。彼女の運命をめぐって、国論が二分した。デーヴィスは福音主義の保守派にとって、ある種の聖女、殉教者、さらには宗教的自由の象徴にすらなった。

この現実離れした光景では、役人が自ら体現すべき法よりも自分の信念を上位に置いているが、アメリカではこれは珍しいことではない。実際のところ、理論的には非宗教的であったはずの国全体が、常にさまざまな宗教問題と悪戦苦闘しているのだ。

アメリカの公的生活は、三〇年ほど前から、原理主義的キリスト教徒たちの良心に関わる主張で汚染されている。彼らの常日頃の警戒心は、オバマ大統領の健康保険制度改革の立案者たちのような、最も老練な政治家たちさえも意表をつかれるほどのものだ。何年もの折衝や妥協の末、「オバマケア」はやっと議会を通過した。確かに初期の計画とはだいぶ離れてしまったが、史上初めて、アメリカ国民は理論的には万人に適用される健康保険制度を手に入れた。これは、内政面においては、オバマ政権の主要な遺産となる。ただし、保守派キリスト教徒の警戒心を無視すれば、の話だ。

オバマケアとアメリカ人

この健康保険制度は欧州の健康保険制度の概念に近づくものだ。全員が全員のために、すべてのリスクに対して拠出する。それまでは、アメリカ人たちは「ア・ラ・カルト」方式で保険をかけ、各人が自分の健康保険の対象となるリスクとそうでないものを選び取っていた。従って、今回は、政府によって十分に説明されていないことだが、一種の革命的な変革が提案されているのだ。しかし、多くのアメリカ国民はこの新しい制度を全く理解できず、抗議行動に出ている。例えば、子供を欲しがらない、もしくはこれ以上は欲しがらないカップルは、なぜ他人の妊娠や出産に関するリスクに対して自分たちが拠出しなければならないのか、全く理解できない。個人主義の楽園、アメリカにおいては、相互扶助の原理自体が、不条理なものに思われるのだ。

新保険制度案に対して最初に憤慨したのは、宗教団体だ。アメリカの裁判所は早々にそれらの団体によるこの制度への加盟を免除した。しかし、それだけではこの反対運動を封じるには足りなかった。キリスト教と関わりのある、ありとあらゆる団体がその反対運動に同調した。そしてこれら団体は学校、病院、大学等と数多く存在する。さらには、民間企業が同様の動きを見せるようになった。

ホビー・ロビーはアメリカ最大級の日曜大工用具と装飾品のチェーン店だ。全国に二万五、〇〇〇人もの従業員をかかえ、五七〇の店舗を展開している。創業者のデイビッド・グリーンは保守派ではあるが、社会福祉に関心のあるキリスト教徒だ。珍しいことに、彼は従業員がミサに行けるようにと、日曜日は閉店する。また彼は、以前から従業員のための健康保険制度を整えている。しかし、「オバマケア」の成立とともに、グリーンはこの新しい法に適合する新しい保険契約を結ばなければならなくなった。

ところが、今後は新保険制度の対象となる避妊処置と、とりわけ、行為後に服用の避妊ピルのためにも掛け金を拠出しなければならないことを知ると、彼の怒りが爆発した。「グリーン家の宗教的信念から、中絶行為やその行為を容易にすることに私は参加できない」と宣言したのだ。そして、グリーンはアメリカ憲法修正第一条と一九九三年の宗教的自由に関する法律の名のもとに、司法の場へとこの件を持ち込んだ。連邦最高裁は彼の訴えを支持し、それにより、雇用者の宗教的信念にもとづく一連の例外規定への道を開いたのだ。

妊娠中絶は、保守派のキリスト教徒が際立って最も鋭敏に反応する問題だ。この戦いは絶え間なく続いており、共和党が優勢なすべての州では軽減することがない。二〇〇一年から二〇一〇年までに、妊娠中絶を制限する法律が二一二本も共和党の支配する州で成立した。翌二〇一一年以降は、さらにその勢いが加速している。二〇一〇年代半ばに、すでに同様な法律が二〇〇本以上も成立した。先頭に立っているのはテキサス州だ。中絶への権利を正面から攻撃できず、知事のリック・ペリーは法的嫌がらせの作戦に出ている。厳格な行政規制や、あまりにも厳しい基準を設けたために、中絶を行う病院の三分の二近くは閉鎖を迫られ、妊娠中絶の施術を放棄せざるを得なくなっている。

同性婚、中絶、避妊、これらのテーマが社会を分断しているのはアメリカだけのことではない。しかし、これらの問題への賛否が戯画的にと言えるほど政治的路線の分断と一致しており、さらにはこれほど大きく公的生活に影響している国はほかにはない。何しろ、神と宗教はこの国の制度のいたる所に存在しているのだ。

アメリカの最も強力な象徴と言えば、その通貨、ドルではないだろうか。どの紙幣にも、そこにどの大統領の顔があろうと、一つの文が刻印されている。「イン・ゴッド・ウィー・トラスト」。大体において、紙幣の表面でホワイトハウスの写真の上にこの言葉が記されている。ほとんどのアメリカ人が一生、あるいは学校教育の期間だけかもしれないが、国への忠誠心を示すために唱える誓いの文が、〝神の権威〟を援用して、宗教に明確に言及している。歴代大統領は聖書にかけて就任の宣誓をし、その最後を次の言葉で結ぶ。「神よ、私を助け給え」。公的な生活において、祈りは全く日常化している。市町村議会や、さまざまな公的な集会のほとんどが神への奉答文で始まる。これは連邦議会の下院にも上院にも、またホワイトハウスでの閣議にも、さらには地方の小さな議会にも当てはまる。

アメリカの政教分離

時折、一部の少数のアメリカ人が反対の声を上げる。ＳＣＡ（アメリカ世俗連合）は黙ってはおらず、国民のうちの二三％の無宗教のアメリカ人たちを代表して、定期的に司法の場に訴え出るのだ。そして、ＳＣＡは最高裁まで争う。これは、ＳＣＡの粘り強さの成果にほかならない。何しろ、ものごとの善悪の判断を下す高貴な最高裁は、常に、「神よ、合衆国とこの名誉ある裁判所を守り給え」との一文で仕事を始めるのだから。

もっとも最近に最高裁が判決を下したのは、ニューヨーク州の住人九万六、〇〇〇人の町、グリース市の住民たちの訴えに対してだった。この町では、毎月、地域の牧師が市議会の開会に際して、祈りをささげるために招かれている。原告の女性二人は、この慣習をやめること、少なくともこの祈りから宗派色を一掃することを要求したのだった。最高裁は、驚くことではないが、彼女たちの訴えを却下した。裁判官のケーガン女史は、リベラルな考えの持ち主とされているが、次のように言った。「私たちがこの地で行おうとしているのは、多宗教の社会を維持することであります」。いかに見解が隔たっているかが推し量られよう。

アメリカの社会にいる自分たちには公式の宗教がないのだから、アメリカは非宗教的な社会だ、とアメリカ人たちは思いこんでしまっている。アメリカ社会は正にこのような信教の自由という原理の上に築かれたのだ。そして、憲法修正第一条が「連邦議会は、ある特定の宗教に制度化された地位を与えるような如何なる立法もしてはならない」と明記している。

ヨーロッパ北部から渡ってきた原理的キリスト教徒たちは、自分たちの宗教的信念のために出身国で迫害を受けていた。彼らは自分たちがヨーロッパで経験した、公式な特定の宗派による他のあらゆる宗派に対する支配を、決して大西洋の西側では再び体験しないことを希望した。そして、アメリカではこうした絶対的な信教の自由の保護のもとで、アーミッシュ、メノー派などの、もっとも戒律の厳しい宗派が今日まで繁栄し得た。さらには、まるで自分たちが教会組織であると宣言しさえすれば宗派を作れるかのように、不可解なことだがサイエントロジー（訳注—人間の精神の浄化をはかり、世界の平和と繁栄をめざすとする新興宗教）までもがまともな宗教だと思われているのだ。

そもそも、アメリカでは政教分離の原則といっても、あまり意味はない。それを表現する言葉もあまりない。一般的に使われるセキュラリズム（secularism）という語も政教分離というより、むしろ本来の宗教を冒とくすることもあるような世俗的なものを意味する。概念がないのだから、言葉もないのだ。宗教観に関するフランスと合衆国の間の断絶は、二〇一五年一月に、フランスの『シャルリー・エブド』週刊誌に対するテロ事件のあとで現れた。確かにアメリカ中がこのテロ事件自体を非難したが、同誌の掲載したマホメットの風刺画に対するアメリカ人の感情は、極めて微妙なものだった。

すでに二〇一二年には、ホワイトハウスの当時のスポークスマン、ジェイ・カーニーがこのような風刺画を掲載することの妥当性について公式に疑問を呈していた。テロ事件直後の二〇一五年一月には、後任のジョシュ・アーネストが再度この疑問を投げかけた。これらの発表を考え合わせると、パリで行われた大規模な反テロのデモにオバマ大統領が参加しなかったのは、単なる間違いなのか、綿密に吟味された結果だったのか、当然に疑問に思えてくる。

宗教の問題となるとアメリカがいかに不安な状態になるかを、アメリカのメディアの臆病さがよく示している。ニューヨーク・タイムズ、CNN、FOXニュース、ABC、NBCを筆頭に、アメリカのマスコミは『シャルリー・エブド』の編集員たち、警察官二人と保守員一人が殺害される原因となった風刺画を掲載することを拒否した。ニューヨーク・タイムズの社長は、もったいぶった態度で同紙が「宗教的心情と衝突するようないかなるものの掲載」をも禁止しており、「風刺画を言葉で説明すれば十分に読者に情報が伝わる」と説明した。

同紙の論説委員デイビッド・ブルークスはさらに次のように加えた。「アメリカの大学のどこのキャンパスでも、（イスラム教を蔑視したと見えた）『シャルリー・エブド』の表紙に関する集会は三〇秒ともたなかっただろう。学生たちはあの表紙がイスラムに対する憎悪を掻き立てているとして非難し、大学当局が集会を閉鎖させただろう」と。さらに驚くべきことに、ブルークスのこの言葉はアメリカでは絶対に正しいのだ。表現の自由の番人を自任するこの国では、どの宗教だろうと、それを愚弄することはタブーだ。

ビリー・グラハム

このような頑固な考えは新しいものではなく、一般に思われるのとは逆に時代を経るに従ってひどくなり、この五〇年ほどで頂点に達している。この進展のキーパーソン、最も偉大な大統領たちの名前と同じように皆がその名前を知るべきなのは、ビリー・グラハムだ。

ノースカロライナの畜産業者の息子であったグラハムには、アメリカ史において傑出した役割を演じさせる必然性は何もなかったが、彼は二〇世紀における最も影響力のある人物の一人となるのだ。グラハムは一九一八年に生まれた。一九四九年、三一歳のグラハムはほとんどのアメリカ人にとっては全く無名の人物だったが、アメリカの公的生活の舞台に華々しくデビューし、ブッシュ（父）の時代まで政治舞台で重要な役割を演じ続けることになる。

一九四九年九月二五日、ビリー・グラハムはロサンゼルスで五、〇〇〇人の聴衆を前に説教を行った。アメリカにはよく見られる、福音主義プロテスタントのキリスト教徒のための壮大な集会の一つだ。聴衆は彼の説教を聴きにきたわけだから、グラハムは聴かせてやった。曰く、「天使たちの町（訳注—ロサンゼルスのこと）は、セックス、麻薬、アルコールなど、地上のありとあらゆる罪で堕落しており、ソドムやゴモラのように滅ぶだろう」と。グラハムは悔い改めるよう聴衆に呼びかけた。彼にはカリスマ性があり、この一つの演説でもまずまずの成功が得られただろう。しかし、ビリー・グラハムは天才的なひらめきを見せた。

その二日前の九月二三日、ソ連が原爆を所有したことに世界中が茫然となった。アメリカ人たちは恐怖におののき、自分たちがもはや無敵ではないことを知った。そこでグラハムはその国民の恐怖心を逆手に利用し、それを聴衆を誘惑するための武器に仕立て上げたのだ。彼は聴衆に語りかけた。「共産主義は悪魔が直接に説いた一つの宗教であり、悪魔はそれによって全能の神に戦争をしかけたのです」。グラハムは群衆に行動を起こすよう、自己の信念に従って、自身の魂の救いのためだけではなく、自分と信者全体の生き残りを願って生きるよう、説いた。

その演説は的を射て、人々を安心させ、行動に駆り立てた。グラハムの信心深い、強い言葉は広まりつづけ、当初はロサンゼルスに三週間留まるつもりだった彼が、二ケ月間、満員御礼を出し続けることになった。三五万人以上の人々が彼の演壇の前で自分たちの恐怖心を払うため参集した。次に、グラハムはアメリカ中を回る凱旋の旅を始めた。ロシア人たちは原爆を持っている、われわれには神がついている、というのが彼の信条宣言で、アメリカ国民はそれを信じたがった。第二次大戦の直後、かつてなく不確実だった世界の中で、グラハムは冷戦時期の精神的な総司令官になった。

もう一人のキーパーソン――シド・リチャードソン

このことが当時のアメリカの最も富裕な者の一人、シド・リチャードソンの目にとまった。リチャードソンはテキサスの石油業者で、共和党陣営にとって重要なすべてのことの支持者だった。彼はグラハムの演説に全面的に賛同した。二人は面会し、互いに好印象を抱いた。グラハムは共産主義と戦っただけでは満足せず、自由な企業活動のために祈りを捧げ、労働組合とストを悪魔の仕業だとして非難することを決して怠らなかったため、両者はますます意気投合した。グラハムはある日、「エデンの園には蛇も、病も、組合の指導者もいなかった」と説いた。グラハムはまた、例えば、ホリデー・インのような企業を祝福することによって、小遣い銭を稼いだ。

グラハムとリチャードソンはまた、アメリカ全体に対するいくつかの野心ももっていた。一九五一年、大統領選の一年前に、彼らはアイゼンハワー将軍に目をつけ、彼を自分たちの支持するチャンピオンに仕立てようとした。アイゼンハワーは軍籍時代には目立たなくしていたが、軍籍からの引退後には自分の信念を隠さなくなり、「民主主義の国は宗教的基盤なくしては存立しえない。そして私は民主主義を信じている」とニューヨーク・タイムズに宣言したほどだった。グラハムのカリスマとリチャードソンの資金が、最終的にアイゼンハワーに大統領選出馬を決心させた。

グラハムは、あからさまに表舞台に立つことはなくても、大統領選キャンペーンのためのプロパガンダについての着想を与え、またそれを宣伝して回った。そして、ついに一九五二年に得票率五五％以上でアイゼンハワーが勝利を得た。こうしてアメリカは二期八年の間、宗教が制度化された時代へと変転することになり、アメリカは今なおその後遺症でもがいているのだ。

ドワイト・アイゼンハワーにとって、物事は簡単だった。「アメリカ人は信仰心の篤い国民であり、建国の父たちはこの信仰心を政治的用語に翻訳した。われわれはこの基本に立ち返らなければならない」というのが一九五二年末に彼が次期大統領としての演説の中で述べていることの概要であり、彼は二期八年の間、このことに専心する。

アイゼンハワー大統領のもとでは、あらゆる閣議は祈りで始まった。独立記念日は国の祝祭日だが、それもまた祈りの日となった。彼の「祝福」により「イン・ゴッド・ウィー・トラスト」と「ワン・ネーション・アンダー・ゴッド」つまり「我らは神を信ずる」「神のもとの一つの国」の表現が公的生活において不可欠なものとされた。一九五四年以降、アメリカのすべての学童が国旗への忠誠心を誓う時に神を引き合いに出すようになったのは彼の「おかげ」だった。アイゼンハワー大統領が政府の郵便事業に無理やり介入し押しつけ、初めて切手に「イン・ゴッド・ウィー・トラスト」の文言が刻まれたのも一九五四年のことだった。これは大成功で、この文言は瞬く間にあらゆる紙幣に広まり、ついには国の公式の標語になってしまった。アイゼンハワー大統領のもとで、ほんの数年の間に宗教がアメリカにおける公的生活のすべての領域に侵入した。一九五五年の最初のディズニーランド開園はテレビで生中継されたが、そこでは壮大な祈りが公開で行われた。「神よ、ミッキーマウスを救い給え」というものだった。

ビリー・グラハムやシド・リチャードソンにとって、企業の自由な経済活動や神聖な個人主義や神を信じる者にとって、それは祝福された時代、真のルネサンスの時代だった。グラハムの活動はそこにとどまらなかった。彼はアイゼンハワーのあと、副大統領だったリチャード・ニクソンを支持した。グラハムは「彼以上に私が敬服するアメリカ人は他にはいない」と、秘蔵っ子のニクソンをホワイトハウスへと送り出すため大統領候補指名党大会の際に宣言した。

ニクソンが退陣すると、グラハムは今度はレーガンを支持し、彼はレーガンに、かの有名な「ゴッド・ブレス・アメリカ」（神よ、アメリカを祝福し給え）の着想を与えた。この文言は、昔からアメリカ政治の世界で使われてきたものと誤って思われることもあるが、初めてそれを広め、後にその使用を制度化したのはロナルド・レーガンその人だ。

グラハムは、最後に共和党大統領たちの生みの親としてその掉尾を飾るために、彼の長年の友人、ジョージ・ブッシュ父の選挙戦を応援した。

このように、共和党がグラハムの影響のもとで宗教を公的生活に持ち込んだのは事実だが、それは共和党に限ったことではない。

例えば、ビル・クリントン元大統領は自分がバプティスト派の信仰者であることを隠したことはない。彼の公的な発言には聖書の言葉が詰まっていたし、モニカ・ルインスキー事件の真っただ中に彼は聴衆に、彼のために祈り、慈悲を与えるよう懇願した。

バラク・オバマ前大統領については、フランスの左翼の一部が驚くべき単純思考で彼を英雄視しようとしたが、彼は他のいかなる民主党員よりもキリスト教の価値を称揚した。時には口が滑ったほどだった。二〇一四年に、移民問題に関する演説の際に、自分の発言を裏づけるために彼は聖書の次のような一節を引用したのだ。「ガラスの家の中で石を投げることなかれ」と。ところが、聖書の注釈学者たちはいまだに彼がどこからこの一文を引いてきたのか探しあぐねている。

公的生活、私的生活、宗教

宗教は公的生活に侵入しつつあるが、国民の間では、少し、後退している。より正確に言えば若者の間で後退している。ＰＥＷ研究所、これはアメリカ版ＩＮＳＥＥ（フランス国立統計経済研究所）だが、アメリカ人の二三％がいかなる宗教組織にも属さないとしている。その比率は二〇〇七年には一六％だった。宗教組織に属さないことは必ずしも神を信じないことではないし、一九八〇年以降に生まれたミレニアル世代たちが、年を重ねるに従ってどのように推移するかは分からないが、若者の間で宗教心が薄れつつあるかのような傾向は見られるのだ。この減少傾向はカトリックについては、ラテン・アメリカからの移民によって埋め合わされている。最も急激に減少しているのはプロテスタントの人たちだが、それでも依然として宗教信者全体の中では圧倒的な割合を占めている。

宗教的な実践は減り、宗教的組織への加入も若干減ってはいるが、宗教そのものの排斥が見られるわけでは決してない。ＰＥＷ研究所によれば、アメリカ人たちの半分は宗教が政治において何らかの役割を持つことを願っている。その比率は正確には四九％であり、二〇一〇年には四三％に過ぎなかった。この上昇は、とりわけ共和党支持者によるもので、民主党支持者においては横ばいだ。宗教離れと、宗教と政治の結合の間の一見したところの矛盾は表面的なものにすぎない。多くの若者は伝統的な教会に背を向けているが、政治に対する不信という面では年長者と歩調を合わせているし、また価値観の問題を中心的主題として復元させたいと考えている点でも年長者と同様だ。

政治家たちもこの点を見誤っておらず、自分たちの信仰心の証拠を示そうとする。そして、別に誠意から出ているのではないが、自分たちの信仰心の証拠を大いに示そうとする。例えば、ジェブ・ブッシュはメキシコ出身の妻の影響で自分がカトリックに改宗したことを常々公言している。あるいはヒラリー・クリントンは、集会のたびにアメリカと自分の支持者たちのために神の御加護を祈る。最も異端な人物とみられている政治家たち、例えば、ニューヨーク市長のビル・デブラシオでさえこの波に乗らねばならないことを知っている。彼は最近、ニューヨーク市の学校のカレンダーに、ムスリム教の祝日を二日加えたあと、さらに仏教の祝日を一日加えることを約束したのだ。…これこそアメリカ流の共同体主義にもとづく「宗教的中立性」なのだろう。

政治家たちはかなりの程度まで深く宗教の人質となってしまった。大統領選での共和党の候補者たちがそうだ。彼らはさまざまな予備選挙で、自らがそれに同意したシステムの犠牲者…まず最も急進的な選挙民たちのご機嫌を取ることを強制する、予備選挙のシステムの犠牲者…になっている。

どの予備選挙も伝統的にアイオワ州の党幹部集会で始まる。この小さな州自体はほかの州よりも宗教的なわけではないが、そこでは福音主義プロテスタントのキリスト教徒が予備選挙での共和党支持投票者の約六〇%を占める。こうして、四年ごとに、大統領選挙の候補者たちのいささか屈辱的な行進が行われる。この行進は各候補者による各宗派の教会への巡礼であり、ようするに誰が最も信心深いかを争って見せることに凝り固まった、いわば頑迷からくる競争だ。

二〇一六年の大統領選挙戦で最も不名誉だったのは、おそらく、ルイジアナ州知事のボビー・ジンダルだろう。彼は、原理主義的キリスト教徒の群衆を前に、自分の人生の最良の日は結婚式の日でも、最初の子供の生まれた日でもなく、イエス・キリストに出会った日だった、と断言した。またヒューレット・パッカードの元女性社長カーリー・フィオリーナは、子供を亡くした後、自分を絶望から救ったのは、自分とイエス・キリストとの個人的な（ママ）関係だったと説明した。

これらの、大なり小なり誠実な一時的な発言以外に、聖書への信仰は予期せぬさまざまな結果をもたらしている。

例えば、イスラエルに対する合衆国の無条件の支持だ。アメリカで「キリスト教シオニズム」と言われるものだ。これは、現在急激に広まりつつある動きで、外交政策上の合理性とはほとんど無関係に、政治の領域を完全に支配してしまっている。福音主義プロテスタントのキリスト教徒の一部にとっては、すべては聖書の予言の中にあり、その予言によれば、この世の終わりにはユダヤ人がイスラエルを統治し、地上へのキリストの帰還とキリスト教の最終的な勝利を確保するための寺院をその地に再建しなければならないのだ。

すべての人々にとって、ようするに、聖書こそがまさに神がパレスチナをユダヤ人に与えたことを証明しているのだ。従って、神の望みの通りにするために、人々はあらゆる努力を傾けなければならない、というのだ。額面通りにものごとを受け止める性質を持つ多くのアメリカ人は、そうした言説をすべて文字通りに受け入れる。その結果、パット・ロバートソンのような、数百万人の視聴者を集めるテレビ説教師が、真顔で、「イスラエルの首相であったイツァーク・ラビンが暗殺され、アリエル・シャロンが心血管疾患で倒れたのは、彼らが（パレスチナ人との交渉の末に）あの聖地を分割したからだ」と説くのだ。

第一二章　恒常的な戦争

戦争の継続

そのことに初めて気がつくのは、大体空港でのことで、一定の時間ごとに軍人向けのアナウンスが鳴り響く時だ。私のようなものは、まず、何か特別なことが起きているのではないかと想像して少し不安になる。なぜ女性職員によるあのアナウンスは軍人たちに向けて行われているのか？　しかし、その理由をわれわれはすぐに理解する。危険など何もない、ただ合衆国では二種類の乗客がいるのだと…一方の、特別な配慮をすべき軍人たちと、それ以外のお客と。そこでは、軍人たちは、例えば、優先的に搭乗できる。また、軍人たちには、退役していても、マイアミ空港のように特別のラウンジが用意されている。コロンビアの空港が彼らを次のように大掲示板で迎えるのもそのためだ。「兵隊さんたちを最も熱烈に歓迎するこの地へようこそ」。さらに、とりわけアメリカン航空で、搭乗手続き用の端末画面が最初に聞いてくるのは、「あなたは軍に所属していますか？」ということなのも、そのためだ。

これらの軍人への配慮は、平時ならば全く無意味だろうが、アメリカはいつも戦時下にあるのだ。このことを（私のような外国人が）完全に認識するのには時間がかかる。そこにこそアメリカ社会の大成功がある。つまり恒常的に戦争をしながらも、そのことをはっきりとは示さないのだ。アメリカが海外のあちこちの戦場で戦っていることを人々は無視することはできないが、このことはあまりにも遠く、現実感が薄く、ほとんど抽象的とさえ言える。

誰もアメリカの領土と戦争を結びつけては考えないが、戦争は確かにアメリカの領土の中に、しかも、そこかしこに存在している。あちこちの空港に、また街の通りに。退役軍人を示す〝ＶＥＴ〟と大きく書いたボール紙の立て札を手にした乞食たち、身体に障害を持った異常に多くの若者たち、軍人専用の保険会社や、顔面を負傷した兵士、イラクやアフガニスタンでの傷痍軍人を支援するプログラムのテレビコマーシャルなど。戦争がアメリカ人の生活を規定している。アメリカが数十年前から常に戦争状態にあることを忘れたら、われわれはアメリカを全く理解できない。

アメリカの長い戦争は、第二次世界大戦の終了の直後から始まった。まず朝鮮戦争だ。この戦争はほとんど忘れられているが、三年間で五万人近くのアメリカ兵が命を落とした。それからはベトナム、パナマ遠征、ソマリア介入、サルバドルやニカラグアへの半ば秘密の軍事介入があった。そして、一九九一年の湾岸戦争、二〇〇一年のアフガニスタン侵攻、二〇〇三年のイラク侵攻があった。イラク侵攻はいまだ解決しておらず、膨大な影響をもたらしている。

これらの幾多の戦争は、パナマの場合を除けば、ことごとく失敗に終わっている。朝鮮戦争や、明らかに失敗であったベトナム戦争だ。ソマリアからアメリカは逃げ出さざるを得なくなり、同地は現在まで無政府状態に陥っている。アフガニスタンは分裂し、ほとんどがタリバンの支配下に戻っている。最後にイラクは破壊され、その廃墟の上でイスラム国の勢力が拡大している。何という惨憺たる結果だ！　アメリカは六〇年間、世界を支配しようとしてきた。数十億ドルを費やし、民間人・軍人あわせて数十万人の死者を出した。世界最大の戦争マシーンがすべてを支配しようと全開にされていて、結局、何も支配できずにいる。

失敗の歴史から学ばないアメリカ

それなのに、アメリカは歴史から何ら教訓を得ていないようだ。朝鮮戦争とベトナム戦争は全く同じではなかったが、それでも二つはよく似ていた。まず顧問団の派遣、次に軍隊、そしてナパーム弾の使用、さらに戦況が泥沼化し身動きのとれなくなった現地軍隊への援軍、などだ。ソマリア介入は小規模ではあったが、その後のいくつかの戦争状態の先駆けとなった。まず巨大なアメリカの軍事マシーンがすべてをひっくり返し、ひとまずは勝利を収めるが、倒した国を統治する実効性のある政治的方策が何ら考案されていないため、再び混乱状態に陥り、茫然としたアメリカ人たちは逃げ出してしまう。モガディシオで起きたのは、まさにこのようなことだ。カブールで起きたのも、このようなことだが、少しは秩序立っていた。すなわち、逃走ではなかったが、何も構築されぬうちに、撤退が行われ、ほんの数ヶ月の間に、アフガニスタンは無政府状態に戻ってしまった。イラクへの介入はどうか？　世界がそのさまざまな悪影響を測りかねている大惨事と言えよう。

このような醜態を生んだ責任者は、ジョージ・W・ブッシュを始め数多くいる。しかし、バグダッドにおけるアメリカ執政官だった、ポール・ブレマーには特別功労章が与えられよう。二〇〇三年に彼が最初に決めたことは、すべてのイラクの軍人を、彼らがサダム・フセインの指揮下にいたとの理由で、俸給なしで動員解除したことだ。まるでドゴールが一九四四年の復権後に、ドイツ占領下のフランスでの対ドイツ協力のかどで、すべての警察官と官僚を解雇したかのように。経済的に破たんし、また精神的に辱められたイラクの軍人たちは、大量に反乱軍の兵士へと転向していった。今日、彼らは自分たちがその創設に大きく貢献したイスラム国の幹部を構成している。ブレマーのあのような決定は高慢と無知の混合したものと言えるが、世界最強と言われるアメリカ軍の弱点をつくり上げている悪弊を象徴するものだ。

二〇〇三年、私はアメリカ空挺部隊第八二師団に所属する従軍記者として、アメリカ軍の落下傘部隊の隊員たちの行動を唖然としながら観察したものだった。現地の住民が彼らを暖かく迎えようとしていたのに、アメリカのエリート兵士たちは自分たちのキャンプに閉じこもったのだ。市場へナツメヤシやトマトを買いに行って住民と接点を持つことをしないで、彼らは粗末な配給食を有刺鉄線の後ろで食べていた。病気やケガをした子供を連れた親たちが治療を懇願してきても、何時間も待たせる屈辱を味わわせた後に、やっと行動を起こした。このようなことは、自分たちが解放しようという建前の国の現地の住民たちとの関係を断ち、嫌われ、あらゆる現地の情報から自らを断絶させ、住民の理解を失うことになる最良の方法ではなかろうか。もっとも、自分の生まれ育ったアーカンソー州を離れたことのない兵士の考えている世界はあまりにも狭いので、ほかに方法が考えられないのだろう。

軍に栄光あれ

アメリカは敗者を嫌うが、自国の軍は大好きだ。どうしてこんなことが起きるのだろうか。アメリカは、自国の軍を賛美し、何でも与える。ハリウッドはアメリカの兵士という、絶対的なヒーローを発明した。映画の中で彼は、できることならば特殊部隊の隊員として登場する。スナイパー、デルタフォース、ネイビーシールズ、人質の解放者、などとなる。彼はボディービルで体を鍛え、四角い顎をもち、過剰な装備・武装をして、過剰な訓練を受けている。そして、悪を体現し、ぼろを着た、ロシア製のカラシニコフ自動小銃を引きずった敵を彼は毎回のように倒す。夜間用ゴーグルをし、太腿のような腕をしたGIジョーは、一人で一〇〇人のゴム草履ばきのソマリア人たちを難なく倒し、「キャプテン・フィリップス」を同名の大ヒット作映画の中で救い出す。こうしたシーンに、単純に、アメリカは拍手を送る。人生でも、仕事でも、戦争でも、「弱者に災いあれ」だ。

このようなヒーローたちには、無限の賞賛が与えられ、そして彼らに特に金がかかり過ぎるとみられることは決してない。アメリカは国家予算の半分を軍に使っている。二〇一六年には、六、〇〇〇億ドル以上であり、それは、二〇一五年に比べて四・五%増だ。フランスの国家予算全体よりもかなり多い額だ。そして、アメリカの軍事予算はアメリカの次に位置づけられる一〇ヶ国の合計分…ロシア、中国、フランス、イギリスなど…よりも多い。

これほどの支出額になると、軍は国家予算の構成単位の一つにはとどまらず、他の予算のすべてを押しつぶす。それはまさに戦時下の国の軍事予算だ。アメリカは自国の国境にはいかなる敵も持たず、歴史上、一度も侵略されたことがないにもかかわらず、恒常的な戦争予防のための構造を備えている。このすべてのカネは兵士にも当然に行くものだが、兵器産業にも行く。その兵器開発プログラムは常にますます先端的なものとなり、ますます高価な兵器を開発する。例えば、新しい戦闘機F—35は、すでに軍事史上で最も高価な兵器となっている。それは二〇一六年には、一一〇億ドルを要した。国のカネで兵器産業は兵器を製造するが、それだけではなく、数千人のロビーストに仕事を与え、選挙キャンペーンにもカネを出すのだ。

兵士たち自身が選挙民でもあるのだが、彼らは国を人質にとるようになった。彼らの持つ特権のリストを知れば国民は実態を理解するだろう。兵士たちの俸給は民間のそれよりも急激に増える。二〇〇一年の時点で同等の基礎条件の二人の人間の間で比較すれば、軍人の平均給与は二〇一六年には民間人のそれよりも一五%高くなった。また軍人たちは住民税を免除されている。彼らは政府からの助成金を受けているスーパーで三〇%割安の買い物ができるが、これには納税者たちが年間に一〇億ドルを負担している。軍人はまた、アメリカでは大きな特権だが、無料で健康保険に入れる。軍人の子供たちの学校の授業料は、しばしば高等教育まで無料だ。二〇年間勤務すれば、軍人は引退して年金生活ができ、それが通例となっている。典型的な将校の事例では四八歳で引退し、生涯、毎年五万五、〇〇〇ドルの年金を受け取り、しかも軍人向けに政府の助成金のついているスーパーで買い物をし続ける。

これらの数十万人の超特権層が自由主義の砦を構築しているのは何か矛盾しているように思える。彼らは、自分たちが支持している（民主平等主義）という価値観を自分たち自身に適用することは決してしない。彼らが自分たちの既得権に手をつけ修正するのは政治的自殺だと言える。アメリカ大統領は誰だろうと、予算案に署名をし、その結果、常にますます高価となる軍事政策を継続し、健康、教育、インフラなど他の公共投資を犠牲にする。

この戦争への予算投入は議論の対象とはならない。アメリカは道路のあちこちに凸凹があり、橋が欠陥だらけであり、健康保険が役に立たず不公平であり、大学の学費が法外に高くても、そのような状況を受け入れている。軍に向けられる途方もない費用をほとんど誰も問題にしない。もちろん、九・一一があったから、またほとんどの家族のうちに一人は軍人がいるからでもあるが、むしろ九・一一による一種の偏執狂的で異常な妄想状態があまりにもひどく、大半のアメリカ人は戦闘状態で生きていくことに納得してしまっているからだ。

メディアの責任は非常に大きい。テレビニュースの愚劣な愛国主義を見るがよい。客観的な視点や批判的精神は皆無だ。ニューヨーク・タイムズのような最も厳格な新聞ですら、イラクにおける大量破壊兵器に関するブッシュ政権の虚偽情報を広めることをためらわなかった。それらの新聞は当時、（イラク侵攻に反対する）フランスの主張をあらゆる言葉を使っても足りないほどに厳しく批判したし、いわゆるアメリカのメディアの一徹さも奇妙なことに不在だった。

今では、テレビニュースのキャスターたちは軍服を着ていてもよさそうだと思えることすらある。よくできたテレビニュースはしばしば退役軍人への賛辞か、勲章の贈呈か、忘れかけられていた武勲への賞賛で終わる。こうしたムードのもとでは、多少なりとも信頼できる評論家が「脅威が高まった」とほのめかしさえすれば、あらゆるメディアの編集部が総動員される。そして、安全対策に関するルポルタージュが大量に流され、パトカーのサイレン、兵士たち、警察犬の訓練士、パトロール、そして検問の映像が大量に流されるようになる。一般の視聴者は、それらを見て慌てふためき、自分の納める税金の半分が軍に使われることに大いに満足するだろう。

一般市民と戦争

恒常的な戦争では、誰もが安全な場所にはおらず、国民全員が動員されたようなものだ。人質となった人たちの家族も同様だ。イスラム国が、斬首した捕虜たちの動画を公開するようになってからというもの、人質や被害者本人だけでなく、その近親者もが耐え忍ばなければならない苦難を誰も無視できなくなった。シリアでイスラム国に誘拐され殺害された三三歳のアメリカ人ジャーナリスト、ジェームズ・フォリーの母親、ダイアン・フォリーは、初めてメディアに対してこの問題について発言した人だ。

彼女は『ニューヨーク・タイムズ』紙に次のように語った。「息子を誘拐した人たちが交渉したがっていたことは明らかです。彼らは明らかにアメリカ政府と話し合いを持ちたがっていました。政府のいずれかのレベルにおいてそれに返答がなされなかったことは理解できません。そのため、彼らは余計に攻撃的になってしまいました」。ダイアン・フォリーは、息子の命を奪った人たちから受け取ったEメールの内容を記憶している。とりわけ、最後のメールのことを覚えている。それは次の言葉から始まっていた。「われわれは、他の国の政府がしたように、身代金を支払うことにより人質を解放するための交渉を行う機会を数回にわたって貴方達に与えてきた」。

フォリー家の人たちは、政府の無為無策を知ってから、自分たち自身でなんらかの手を打とうと考え、身代金をかき集めようとした。ところが、この事件のFBIの担当者たちが、「そうした身代金支払いは議論の余地なく不可能だ」と言明した。なぜなら身代金支払いは犯罪行為に当たり、もしも家族らがそれに固執すれば法に触れ、テロ活動への資金援助の名目で起訴されるというのだった。息子を殺害されるままに放置せざるをえないように、自分たち自身の政府によって強制されたフォリー家の人たちの苦悩は想像に難くない。

ジェームズ・フォリーの斬首の数か月後、ほかにも何人かのアメリカ人捕虜が同様に殺害されたが、合衆国政府はグアンタナモ収容所にいた捕虜五人を躊躇なくアメリカ人のボウ・バーグダール軍曹と交換した。オバマ大統領は、決然として、アメリカは何人をも「敵地に放置しない」と説明した。しかし、バーグダールは模範的な兵士とは程遠かったので、この対応はますます奇妙だった。彼は、テロリスト側に拉致される前にアメリカ軍から脱走したようだった。しかし、これは最も本質的な問題ではなく、他の人質の場合との扱いの違いがあまりにも極端で不可解なので、論争が持ち上がったのだ。そこで、寛大なオバマ大統領は、ある姿勢を示した。二〇一五年夏、彼は方針の変更を発表した。人質の家族が彼らを救出しようとしても起訴されることがなくなったのだ。

退役軍人の境遇

政府がその冷酷な姿を見せるのは、自分たちの意思とは無関係に戦争に引き込まれた民間人たちに対してだけではない。退役軍人たちも、苦い経験を通して、そのことを思い知るのだ。これらの軍人が良識的に英雄として振舞っているうちは、問題がない。しかし、そうでなくなると、問題は複雑になる。

兵士たちの大半は若者で、多くの場合は経済的な理由で、数年間の兵役契約を結んだ人たちだ。しばしば自身を見失い、トラウマを受けて復員した彼らは、軍隊の連帯精神が無限のものではないことを知る。二〇〇一年以降、三五〇万人のアメリカ人がイラクとアフガニスタンに派遣された。二〇一九年まで毎年、その内の二〇万人が市民生活に戻ることになる。退役軍人を所管する政府の省庁自身が、彼らのことを「脆弱な集団」として扱っている。退役軍人の失業率は、同じ年齢層で見れば、一般市民よりも二〇%から四〇%も高い。

アメリカは彼らのことを隣人や職場の同僚として見ることよりも軍の英雄として見ることを歓迎する。このような疎外感が退役軍人たちの自殺率の理由のすべてではなくても、それを部分的には説明する。二〇一二年に、イラクやアフガニスタンからの帰還兵が三四九人、自殺した。ほぼ一日に一人の割合だ。この数は、その年に戦闘中に命を落とした人数、二二九人よりはるかに多いのだ。これはまた現地の敵反乱軍の勝利でもある。これは、アメリカが自国内で被る第二の敗北だ。アメリカはこの敗北のことは口にせず、隠したがっている。イラクのファルージャで命を落とした海兵隊員は英雄だ。半年後にアメリカ国内で、孤独で、心を打ち砕かれて自殺する海兵隊員は、大急ぎで埋葬される。

アメリカの戦争と倫理観

時の流れとともに、そしてこれらの戦争を通して、アメリカは魂を失いつつある。その極めつきはおそらくグアンタナモ収容所の開設と制度化されて行われた拷問だろう。イラクのアブ・グレイブ刑務所で撮影された写真は、テロリストの容疑をかけられた者たちに対する虐待について、あまりにも淡い印象しか与えなかった。

アメリカと拷問の関係については、あらゆることが言われ、否定され、また言外にほのめかされてきたが、二〇一四年に民主党上院議員ダイアン・ファインスタインが、彼女自身が委員長を務める、CIAに関する超党派の調査委員会の報告書を公表したこと[1]で、すべてが明るみに出た。それによれば、実態はアメリカの敵が想像していたことより、さらに酷かった。五年の調査期間、五〇〇ページの報告書、公開された資料六、七〇〇ページ。そしてやはり結局は、確かにCIAが当時の政府に告白していた以上の拷問を行ったとの結論に達していた。さらに悪いことには、CIAが主張したことに反して、それらの尋問には何の効果もなかった。水攻め、処刑の脅迫、睡眠の阻止、殴打などで得られた情報で実際に戦闘に役立つものは何一つなかった。

しかも、卑劣極まりないことに、この「プログラム」は拷問を趣味として好むような人物たちに委任されていたのだ。スウィガートとダンバーの偽名で知られている二人だ。彼らがこの件で設立した会社は、CIAと一億八、〇〇〇万ドルの契約を結んだが、結局支払われたのは、八、〇〇〇万ドル「に過ぎなかった」と報告書は言う。スウィガートとダンバーは、尋問方法を考案したり、自分たちで行ったりするだけでなく、

1 「CIAと拷問。CIAによる勾留と尋問の方法に関するアメリカ上院委員会報告書」ダイアン・ファインスタイン、レザレーヌ（Les Arènes）社、二〇一五年。

最も基本的なルールと最も一般的な良心に逆らって、ＣＩＡのために拷問の効果の評価まで行っていたのだ。

ＣＩＡはこの報告書の公表を、あらゆる手段を使って阻止しようとし、委員会の委員に対してスパイ活動さえも行った。報告書は破壊的な効果をもった。一年後、二〇一五年の六月のことだが、上院が国防法の修正条項を可決し、拷問の廃止を規定した。アメリカはようやく再生したのだ。ファインスタイン報告書の余勢を駆って、関係者が口を開き始めた。そして、いかに病根が深かったかが明らかになった。一つだけ例を示せば、あの尊敬すべきアメリカ心理学会だが、秘密裏にブッシュ政権やＣＩＡに協力していたことが明るみに出た。秘密の集会において、その学会の最も傑出した会員たちが、拷問の実践を「合法的に」するために、「倫理的に」受け入れ可能な定義を探す手助けをしていたというのだ。

オバマと戦争

オバマ大統領はその政敵からは「リラクタント・ウォリアー」、いわば、不本意な戦士と見られることが多い。これは、オバマ大統領が戦争自体を嫌うということではなく、戦争を直接に行うことが嫌いだ、ということであり、この二つは別物だ。彼は若い兵士たちを彼らの地元から何千キロも離れた戦場へ送り込むのが大嫌いだ。戦場から戻って来る多数の棺、棺のクッションに功労勲章を飾りつけることなどを、オバマ大統領は嫌悪するのだ。しかし、それだからと言って彼が平和主義者というわけではない。軍事力自体を彼は嫌いではないのだ。そこで、彼は黙って方針を変えた。

まず、オバマ大統領は選挙戦中の公約に反して、民間企業による戦争の下請け制度については、何も修正しなかった。二〇〇八年、大統領選挙の年には、イラクにアメリカの軍人とほぼ同数の私企業の警備要員がいた。そのうちの最大のもの、ブラックウォーター社はイラク戦争中の最も悲劇的な出来事の一つの主役だ。二〇〇七年九月一六日、同社の五人の社員が渋滞の中でパニックに陥り、バグダッド市の中心街のロータリーの一つで理由もなく発砲を始め民間人一四人が死亡し、一七人が負傷した。五人の社員はアメリカで裁判にかけられ有罪となったが、この事件は他の多くの同様の事件の中の最も衝撃的なものの一つに過ぎず、アメリカ政府は民間の傭兵会社の大規模な使用には何ら変化をもたらすような政策を打ち出さなかった。

バラク・オバマ大統領はさらに先に進み、一九九一年の湾岸戦争の際に父ジョージ・ブッシュ大統領が発案した「戦死者ゼロの戦争」の理論を再解釈した。戦死者を出さない最良の方法は、言うまでもなく兵士を送らないことだ。そこでオバマ大統領は、前任のどの大統領よりもドローンを使うようになった。

九・一一後に行われた五〇〇〇回のドローン攻撃のうち、四五〇〇回はオバマ大統領が指示したものだ。確かに技術は上がったが、それでも、完全ではない。ドローンはいわばオバマ大統領自身の製造元ブランドのつくものであり、従って、その有効性や、その使用に伴うアメリカ側のリスクの無いことには議論の余地がない。ところが、ドローンは実際には、実証するのは困難とは言え、第三者への甚大な被害をしばしばもたらす。このドローンによる戦争は、アメリカのオバマ大統領にとっては長所ばかりのものだ。すなわち、死者の出る危険性のない、いわば清廉な、生身の人間が関与しない戦争で、戦場から数千キロメートル離れた合衆国のどこかの基地の中で、ゆったりと椅子に腰かけてビデオ画面を見ながら操作レバーを動かして行われる戦争だ。

ただし、残念ながら、時には機械にはできないこともある。しかし、通常の地上軍を再び投入するなど問題外だ。そこでオバマ大統領は特殊部隊の活用に期待したのだ。彼らはエリート軍人で、理論的にはどんな任務もこなし、そして何よりも管理が容易だ。国民には、このような部隊の存在は知らされておらず、仮に存在するとしても映画の中においてのみだ。一般の歩兵隊の兵員は、二〇一五年の四万人から減り続けているのに対し、特殊部隊の兵員は同率で増え続けている。

オバマ大統領は、アフガニスタン、イエメン、イラク、シリア、どこにおいても科学技術と「見えない兵士」を駆使して戦争を行っている。ドローン、空爆、そしてその存在が何も知られておらず、実際に展開されているかどうかすらも知られていない特殊部隊などだ。合衆国大統領は、フランス大統領が三軍の長であるのと同様に、「コマンダー・イン・チーフ（最高司令官）」でもある。ただし、アメリカではこの名称は実質的な意味を持っている。なぜならアメリカでは、特にこの一五年間はいつにも増して、すべての大統領が戦争を行ってきたからだ。このことは大統領候補者についての、決定的な選択基準となる。あの候補者は「優れた最高司令官となるだろうか？」ジャーナリストはこのような文言で彼らに問いかける。それに対して、候補者たちは、「自分は最高司令官としてはこれこれのことをする」と答えるのだ。大統領候補者が女性ならば、この質問は選挙民の一部から、さらに鋭く発せられる。

オバマ大統領は優れた最高司令官だったのか？　すべての戦闘はイラクとシリアで戦われているが、状況はあまりにも悪化し、イスラム国があまりにも脅威なので、あのホワイトハウスの主はイラクからすべての要員を撤退させたのち、軍事顧問団を再度送り込まなければならなくなった。ゆっくりと、しかし、確実にその数は増えている…数百人から数千人へと。この状況に、ある人々はベトナム症候群の再来、戦争の再開への宿命的な連鎖反応を見る。オバマ大統領は「ノー・ブーツ・オン・ザ・グラウンド(地上軍は投入しない)」と言って、自説を守り、自分は頑張ると言い張っている。彼の顧問たちや兵士たちは彼の政策の効果を疑っているが、全員、一点においては一致している。それは、この戦争は長く続くだろう、ということだ。

第一三章　民主主義の終焉か？

金が動かす選挙

その建物は趣味の悪いお寺のように見えるが、お寺のイメージとは逆に競争の激烈な一つの町の中にある。そこには大きな運河のようにも見えるコンクリート造りのプールがある。ベニスのリアルト橋の完全な模造の橋がある。建物の内部には模造の大理石、模造の金、模造の泉水がある。ただ、スロットマシーンだけが地元の産物だ。この合成物と模造品の帝国は「ザ・ベネチアン」と自称する。それはラスベガスにある大型のカジノの中でも最大のものの一つであり、それ故に、世界の最大のカジノの一つだ。

そこに、そのカジノの所有者のシェルドン・アデルソンが客を招待する。この二〇一五年三月に、彼は自分にとって信頼できると思える共和党の候補者たちをそこに招集した。翌年に向けての選挙戦は始まったばかりだった。

アデルソンはどの候補者が彼の資産を利用するのにふさわしいかを判定したかった。そこで彼はある種の私的予備選挙を運営するのだ。それは何千万ドルもの賞金のかかっている重要な口述試験だった。そこに集まった老練な政治家たちはこれまで、州政府を運営し、数百万人の選挙民を説得し、多数の法律を制定してきた。

しかし、このカジノの大ボスの前では、彼らはみんな少年のようだ。アデルソンを魅了するためには、驚くべきことではないが、共和党の中でも最も保守的な価値観を称賛しなければならない。しかし、その億万長者を政治に関与させ、そこに彼の資産の一部を投入させる真の理由は別のところにある。それはイスラエルに対する無条件の支持、しかもイスラエルの極右派への支持だ。彼の招待客たちはそのことを知っている。二〇一二年の大統領選挙の年に、アデルソンはニュート・ギングリッチを選定して、何千万ドルもの資金援助をした。ギングリッチの超現実的な宣言を聞いたものは誰でもそのことを知っていた。彼の宣言によれば、パレスチナ人というものの存在は〝作り話〟であり、また彼が当選した場合には、その最初の外交政策はアメリカ大使館をテル・アビブからエルサレムに移動させる、というものだった。[1]

ジェブ・ブッシュとスコット・ウォーカーはアデルソンの意向を知っていて、しかも二人ともイスラエルに対する熱烈な支持者だった。アデルソンは、彼らのイスラエル支持はまだ生ぬるいとみなした。しかし、致命的な失敗をしたのはニュージャージー州知事のクリス・クリスティだった。彼は最も経験のある共和党員の一人だった。ある不注意な瞬間に、彼はヨルダン川以西のイスラエル占領地域を示す用語に〝占領地域〟という表現を使った。この表現は適切なもので、すべての国際的な文書の中で使われている。

しかし、この表現はアデルソンにとっては受け入れがたいものだった。彼の持つイスラエル国土の概念は、現在のイスラエルの正式な国境をはるかに超えるべきものだった。その当時、まだホワイトハウスに向かう自分の運命を信じていたクリス・クリスティは、何百万ドルと共にホワイトハウスが消え去るのを見たのだった。自分の大失敗の直後の当日に、彼はアデルソンに面会を求めて釈明し、自説を修正した。アデルソンは寛容を示し、事情は理解するが、他の候補者に資金援助をしたい、と伝えたのだった。

この小さなエピソードが示すことは、いかにこの数年来、アメリカの政治が金力に依存するものになったのか、ということだ。二〇一二年の大統領選挙と議会選挙では、六〇億ドル以上が使われた。それは二〇〇八年には〝わずか〟五〇億ドルだった。二〇一四年の議会選挙（中間選挙）では二大政党と候補者たちが四〇億ドル以上を投入した。それは二〇一〇年に比べて一〇％の増加だった。二〇一六年の選挙年にはそれ

1トランプ大統領はこの移動を実行した。

までのすべての記録を破る七〇億ドル以上が使われるだろう。フランスの場合と比較してみると、二〇一二年に、ニコラ・サルコジとフランソワ・オランドの大統領候補者二人を合わせても四、五〇〇万ユーロ以上は使わなかった。

どのようにして、これほど巨額の金を見つけるのか？　候補者たちはそのことで必死に時間を費やす。そしてひとたび当選しても彼らは安心できない。次の選挙がすぐに巡ってくる。アメリカでは連邦下院の任期が二年、その他が四年だ（訳注—連邦上院議員は六年）。党のために資金集めをしなければならない。全員がそのために努力する。バラク・オバマはしばしばホワイトハウスを抜け出して、民主党のための資金集め夕食会に特賓として出席した。これらの募金夕食会は完全に合法だ。募金夕食会には公式記録が残され、参加者名と参加費などが公開される。従って、選挙戦では候補者は億万長者を説得したり、さらに公開の場で市民と交流したり、さらに少額の寄付者たちを誘惑しなければならない。

それはアメリカの政治社会の最大の神話の一つだ。すべての市民が重要で、市民による何十ドル、何百ドルの寄付金で、市民たちは民主主義の健全な機能に貢献している、と思われている。毎回の大統領選挙では同じシナリオが用いられる。ダークホース的な候補者たちは、自分たちの受け取った多数の個人からのそれぞれ少額の寄付金のことを自慢する。彼らはそこに、すべてに勝るような、大衆から寄せられた支持の証拠を見る。次にマスコミは熱狂して、その現象を信ずるふりをして、それを分析する。次の段階でその小型候補者は自己分解して、有力な候補者の選挙戦機械に圧殺される。有力な候補者は何百万ドルもかけて自分の選挙用マーケティングの全力を展開する。テレビ広告、個人宛てメール、選挙民への戸別訪問などだ。

スーパーPAC

真の選挙資金の供給源で重要なものは〝スーパーPAC（政治行動委員会）〟で、これは政治を変質させるために発明された最も素晴らしい方式だ。バラク・オバマや民主党員たちがその制度に対抗を試みたが失敗したことに留意しなければならない。

PACは偽善の記念碑だ。それは公益団体として認定され、そこへの寄付金は寄付者の課税額から控除される。PACはさまざまな思想の推進のためや候補者の支持のために資金を投入することができる。その条件はPACが候補者の選挙運動とは組織的な連携を持たないこととされている。このことは理論的には、例えば、ヒラリー・クリントンやマルコ・ルビオのような候補者たちのテレビ広告の費用を負担し、専門機関に選挙結果の予測をさせ、メールやマスコミによる選挙運動を組織化するPACが、候補者の選挙本部とはいっさいの連絡調整なしにそれらのことをしなければならないことを意味する。

これは全くの欺瞞であり、もはや誰もそれを信じようとはしない。候補者たち自身もその欺瞞の外装を守ろうとしない。候補者たちはスーパーPACの頂上に、自分たちの最も忠実な部下を配置する。そのようなわけで、例えば、二〇一五年の初めに、ジェブ・ブッシュの長年の政治活動でその右腕を務めてきたマイク・マーフィーが〝その年のブッシュの選挙運動に参加しないと決めた〟ことを人々は知った。ただし彼がブッシュの選挙運動に直接参加しないと決めたのは、ブッシュを支持するスーパーPACである『台頭する権利』を運営するためだった。

二〇一〇年の最高裁判所の決定以来、これらのスーパーPACは無際限に資金を集め、投資することが可能となった。他方で、候補者個人への直接献金は総額で五、四〇〇ドルを超えてはならないとされている。

予備選挙で二、七〇〇ドル、本選挙で同額だ。

誰がこれらのスーパーPACに献金するのか？　誰でも希望すれば献金できる。とりわけ富裕者にはそれができる。他の一般の人々にとっては上述のような直接献金額の上限で十分だ。しかし、この法定の上限額のレベルですら真の寄付者の数は多くない。

『ニューヨーク・タイムズ』の優れた調査によれば、予備選挙の中間近くの時点で、一五八家族だけで、全候補者の選挙資金の半分を拠出していた。このような献金の集中度は特に共和党陣営の実態として見られる。これらの政治献金をする家族の社会的な属性は明らかに同質であり、彼らの多くは金融業界で資産を作った。彼らはいくつかの大都市の郊外の互いに同様な億万長者たちのための住宅地に住んでいる。例えば、ロスアンゼルスのベルエア、ブレントウッド、ヒューストンのリバーオーク、マイアミのそばの私有の島、インディアン・クリーク・ビレッジがある。そこには、私兵に守られるゴルフ場の周りに三五の庭つき邸宅がある。それこそが現在アメリカに出現しつつある、一つの個別の社会階級を示している。それは少規模でも、何百万人もの少額の献金者たちよりもはるかに強力な影響力を持っている。

スーパーPACは最小限の透明性を義務づけられている。理論上、彼らは献金者たちの氏名を公開しなければならない。しかし、実際にはそれを省略するためのいくつかの巧妙な仕掛けがある…少なくとも選挙期間中には。しかし、全く匿名で政治圧力を行使しようとする人たちにはその方法では不十分だ。そのようなわけで、数年前から、〝灰色の金〟または〝陰の金〟と呼ばれるものの額が増大している。

それは一つの税制上の抜け穴で、非営利団体、公益団体と認定された団体に政治活動を認めるというものだ。その条件は、その政治活動費が当該の団体の全活動費の四九％以下にとどまること、だ。他方で、その団体への寄付金者の完全な匿名性が保証されている。この方法で投入された資金は二〇一四年の中間選挙では二億ドル近くになった。その額は二〇一六年には大幅に凌駕されて、基本的には共和党員に便益を与えることになるだろうとみられる。

コーク兄弟

一部の献金者たちは匿名性を重視しない。例えば、チャールズ・コーク、デイビッド・コーク（Charles, David Koch）の兄弟は共に七〇歳代で、二人で複合企業を家族経営している。この二人は『フォーブス』誌による世界の最大富豪のリストの上では二人共に第六位で並んでいる。彼らの資産は株式の相場次第で毎年変動するが、一人当たり四〇〇億ドルくらいだ。彼らは身を隠しているのではないが、常に控えめだ。マスコミを避け、インタビューには応じない。大きな社交の場で彼らを見かけることはない。彼らはカンサス州のウイチタにある彼らの支配地から彼らの帝国を運営する。彼らは確かにアメリカの政治社会の中で最も影響力を持つ個人活動家たちだ。

コーク兄弟はある程度の金額とあらゆる種類の団体を集めて一つの組織、『自由のパートナーたち』を作った。これはある種のネットワークの中核で、そこから彼らは金を分配し、その金で彼らがアメリカの政治社会に影響を及ぼすことが可能になる。二〇一五年から一六年に『自由のパートナーたち』は、実際に一〇億ドルを投資の予定で、そのうちの三億ドルは直接に政治に投入するものだった。この金額の大部分は彼ら自身の出費だった。しかし、彼らと信念を共有する数百人の寄贈者たちがその団体の資産に貢献している。

このように巨額の軍資金を持つコーク兄弟はまさに共和党それ自体と同等の政治的影響力を持つ。彼らこそまさに共和党のキングメーカーであり、場合によってはキング放逐者でもある。彼らこそがあのティパーティをオバマ政権の初期に創設した。それは共和党陣営を分裂させる危険をもたらすものだった。コーク兄弟がティパーテイのイデオロギーを発明したのではなかったが、兄弟からの資金なしには、この共和党の極右派はあれほど多くの選挙上の成功を獲得したり、政策路線にあれほどの影響力を及ぼし得なかっただろう。

コーク兄弟は右翼の無政府主義と絶対的保守主義、それと全面的リベラリズムの驚くべき混合物だ。アメリカ政治の景観の中で、彼らは一種の右翼の無政府主義であったリベリタリアンと保守党員の右派との合成物だ。その理由から、彼らはワシントン政府、労働組合、社会保障関連法、官庁、その他なんらかの形で、ある種の行政規制と見えるものこそが、最大の悪だ、と考える。しかし、このような嫌悪にもかかわらず、彼らは同性の結婚には反対しない…たとえその種の話題については彼らの意見を表明しないとしても。

結局、コーク兄弟や彼らの友人たちの基本的なイデオロギーは、彼らの団体、「自由のパートナーたち」の会長、マーク・ショートによってまさに次のように要約されている。「われわれの究極の目的はアメリカ社会の心の中に、市場と自由企業の理想を設置することだ。政治はそこに到達するための不可欠な手段だ。」

シェルドン・アデルセンと同様な方法で、ただし彼よりもはるかに巨額の資産を持って、コーク兄弟もまた彼らの私的予備選挙を組織する。二〇一五年には五人の大統領選への出馬希望者がコーク兄弟に認められた。スコット・ウォーカー、ジェブ・ブッシュ、テッド・クルツ、マルコ・ルビオ、そしてリベリタリアンのランド・ポールだ。驚くには当たらないが、これらの五人は、一五人ほどの候補者たちの中で最も急進的だ。

民主主義と政治献金

共和党員たちだけが選挙資金を独占すると考えてはならない。「財布（金）は右側（右翼政党、保守党）に、美徳（思想）は左側（左翼政党、民主党）に」と考えるのは単純すぎるだろう。現在、フランスで広く用いられている、アメリカの「共和党は右翼で、民主党は左翼だ」と見るような区分は適切ではない。いずれにしても、民主党員も選挙資金の点ではかなりうまく遣り繰りしている。彼らにもまた億万長者たちがついている。ジョージ・ソロスはその中の一人であり、投資ファンドの元社長のトム・ステイヤーもそうだ。

ステイヤーは二〇一四年の中間選挙の際に七、三〇〇万ドルという最高額の献金をした。さらにまた民主党員たちは、彼らの代表のヒラリー・クリントンの方式を真似て、創造力を発揮した。二〇一五年の四月から六月までの、最初の三ヶ月間の予備選挙の期間中に、彼女は直接に四、五〇〇万ドルを集めて、それまでのすべての記録を破った。彼女は週に六回も、また、時には一日に何回も夕食会やレセプションに現れた。そこでは気前の良い献金者たちは法定の上限額の二、七〇〇ドルを拠出して、彼女と握手したり、並んで写真を写したりした。

これらの寄付金のすべてはさまざまな思想を勝利させるためにのみ提供されたものだろうか？　それは民主主義の美しい創作物語で、それをアメリカ国民は信じているように見える。正に連続テレビドラマの『大草原の小さな家』の選挙版だ。現実では…大きな驚きだが…献金者たちは全員、投資に対する見返りを期待している。

ジェブ・ブッシュは、多分、意図しないうちに、そのことを確認している。彼は、彼のＰＡＣへの献金者たちに、献金額が一〇〇万ドルを超えないようにと示唆した。それは一〇〇万ドル程度の少額では政治家は誰も買収されないのだから、その額ならば正当化される、（それ以上の額でならば買収もありうる）ということだった。

実際に、献金者たちは全員、自分たちが何かをもらう権利があると思っている。夕食会、政府の公式夕食会、さらにはホワイトハウスのゲストルームである「リンカーンの寝室」での宿泊などでも不十分となる。金がこれほど大きな力を持つようになり、献金額も巨額となり、献金者たちは要望を聞き入れてもらうことを望む。時には選挙の後でも、長くそのような要望は続く。

まさにそのことが二〇〇八年に敗北した共和党大統領候補のジョン・マッケィンの身に起こった。それから六年後の二〇一四年に、マッケィンは上院議員だったが、彼は防衛予算案の審議の最後の段階で、その法案の中に単独の追加項目を滑り込ませたのだった。それはアリゾナ州のフェニックスから約一時間の所にある、オーク・フラットという地名の土地での鉱物資源の開発を認可するという条項だった。その修正案は表面的には重要なものとは見えず、誰もその調査の時間がなかったために、可決された。

マッケィンにとって不幸なことになったのは、そのオーク・フラットは通常の小さな森の一角ではなかったことだった。それはサン・カルロス族のアパッチ・インディアンたちにとっての聖地だった。その場所で彼らは昔から成人式を行っていた。一九五三年以来、アイゼンハワー大統領の行政命令によって、その土地は保護されており、地下鉱物資源の開発は禁止されていた。一九七一年にはニクソン大統領がその禁止を再確認した。上述の新法の情報が伝わると、すぐにインディアンたちが反対運動を起こし、マスコミを動員した。それはマッケィン上院議員にとっての最大の不運となった。

何がマッケィンを憤慨させたのか？　彼はベトナム戦争の英雄であり、すべての人々から、政敵からさえも、尊敬されている人物だ。そのことの説明は一枚の小切手の蔭にあった。あの地域を開発して、長い間オーク・フラットに目をつけていた会社はオーストラリアとイギリスとの合弁会社、レゾリューション銅鉱会社だった。同社は巨大企業リオ・ティントの子会社で、その親会社は二〇〇八年のマッケインの選挙戦での大口献金者の一つだった。このようなわけで、選挙で敗北した六年後でも、あの最も清廉潔白と見られる政治家の一人が、選挙戦当時の借金を返済する義務を負っているのだ。

金力と政治

金力が選挙を買収し、金力がその望む法律の制定を選出された政治家たちに強要する。金力は選挙期間中に選挙を支配するが、選挙期間の外でも支配する。アメリカのシステムはそのことを許している。それはしばしば瑣末的なことにも現れる。例えば、ポルノ産業が三〇〇万ドル以上を使って、ロサンゼルスの住民投票による直接立法を阻止しようとした。その法案はポルノ映画の撮影中にコンドームの使用を義務づけるという法案だった。

しかし、金力は、時にははるかに重要な政策案件の場合にも発揮される。例えば、イランの核兵器開発に関する交渉の場合などだ。アメリカの意見は二分していた。概略的には、民主党員はイランとのある種の協定の締結に賛成で、共和党員はそれに反対していた。しかし、その主題は多様な反応を招きうるものだった。イスラエルの安全保障がその争点の一部となっていて、民主党議員の中には、票決では共和党議員に同調するものもいた。採決結果は接戦となることが予想された。数票の差で、オバマ大統領が共和党多数の合同議会によって譴責される危険もあった。もしそうなれば、それはオバマにとっては一つの敗北以上の災難となり、彼のそれまでの少ない実績に一つの消し難い汚点を残すことになることが懸念された。両陣営は最後まで対決し続けるようだった。

その時、イランとの協定案を支持したのが、特に、ジョージ・ソロスとハイム・サバンという二人の民主党支持の億万長者たちだった。彼らはまた、平和志向の穏健な親イスラエル・ロビーのジェイストリートの力を頼りにすることもできた。

共和党側で彼らに対抗したのは二人の主要な献金者であったシェルドン・アデルソン（また彼が登場する）とポール・シンガーと、それに「アメリカ・イスラエル公共問題委員会」だ。これは親イスラエルの圧力団体の中でも純粋に硬派の右派だ。

これらの対立する二陣営は、その政争の中で何千万ドルもの金を使うことになる。それは主としてテレビでの反対意見広告と、世論や議員たちに影響を与えるためのマスコミのキャンペーンに使われた。このただ一つの争点のためだけに、アメリカの民主主義政治はフランスの大統領選挙戦の一回分の費用よりも多い金額を使うことになるのだった。

このような政治の中への金の拡散の最初の結果は、二大政党の他にはいかなる政党も出現できないということだ。このようなことからアメリカ国民たちは民主党員か共和党員のどちらかを選ばなければならないように運命づけられている。さらに、二大政党は巧みに規律化された駆け引きの中で政権を交代する。どちらの政党も二期以上にわたって大統領職を占有してこなかった（訳注―近年の例外としては一九八一年からの共和党レーガン大統領の二期政権の後、ブッシュ父が副大統領から立候補して一期を務め、通算で三期一二年の共和党政権となった）。

それは四年ごとに有権者たちに提案される無益なゲームだ。有権者たちは騙されず、ワシントンの政治に対する嫌悪が世論の中で増すにつれて、ますます投票率が下がる。投票率は、大統領選挙の場合、約六〇％、議会選挙の場合には三〇％から四〇％（二〇一四年には三六％）だ。しかもアメリカの連邦議会はフランスの議会とは比較できないほどの重要な役割を果たすにもかかわらずだ。

自国のモデルを輸出することを常に語る、世界最大の民主主義国アメリカ…場合によってはアフガニスタンまでにも民主主義を輸出しようとするアメリカ…にとって、この自国の投票率の低さは輝かしいことではない。一部の市民たちはそのことを深く懸念する。投票を義務化すべしという声が上がるほどだ。

政治に対するこのような市民の蔑視の状況の中で、奇妙なほど多数の候補者が出現する。二〇一六年の大統領選挙年には、共和党の予備選挙で長く先頭に立っていた二人の候補者は二人とも政治家ではなかった。彼らは二人とも反体制派で、億万長者のドナルド・トランプと外科医のベン・カーソンだ。社会の不満をよく理解していたトランプは、自分の選挙戦での最初の主張として自分の資産保有を強調した。

彼は次のような内容を有権者に伝えた。「私は大金持ちだ。それ故に私は自分の選挙の資金手当てのためには誰からの支援も必要としない。いわば私は決して買収されない、汚職を犯さない唯一の候補者だ」。

ベン・カーソンは、全くトランプと同様に、ワシントンの政界と断絶することを約束した。有権者たちは彼の冷静な態度を評価し、彼の専門家としての名声や、貧困から成功へという履歴にも好感をもった。

人々にとっては、彼が何を言おうとも、その内容は重要ではないのだ。エジプトのピラミッドはヨセフによって建てられ、それを穀物倉庫の代用にするつもりだったのだ、とか、欧州のユダヤ人たちが今日のアメリカ人たちのように武装していたならば、ヒトラーは彼のユダヤ人抹殺という「最終解決」を実行できなかっただろう、などと彼が言っても良いのだ。

政治論争のレベルは悲しむべきほど低い。これらの二人の候補者は真剣に選挙運動を展開し、すべての政治番組放送に招待され、すべての大手テレビのゴールデンアワーに出演して政見を述べ、最終的には非常に真面目なものと受け取られる。

彼らは、いずれにしても今回は当選する可能性が低い。しかし、この種の候補者が、いつかある日、ホワイトハウスに向かう競争に勝つ結果とならないとは決して断言できない。それまでは、一つのことは確実だ。二〇一六年に選出される大統領は、七〇億ドルもの選挙費用がかかったものであり、彼はホワイトハウスを彼に提供したことになる何人かの億万長者たちに、彼の前任者の誰よりも以上に、大きな債務を負うことになるだろうということだ。

第一四章　オバマの八年間は無策だったのか？

黒人大統領の出現

人々は黒人大統領オバマの二期政権から何を思い残すだろうか？　彼は人々が自分のことを初のアメリカの黒人大統領だったということ以外にも、彼の実績のことで思い出して欲しいと望んでいたのだろうが、彼はその賭けに成功しただろうか？　彼は自身の黒人としての象徴の他に、何か国の歴史に特色となる政治的遺産を残しただろうか？

二〇〇八年一一月八日に、すべて例外的なことが起きた。黒人がホワイトハウスの座に就いただけでなく、その選出過程が例外的だった。それよりも数か月前にはバラク・オバマはまだほとんど国民には知られていなかった。彼はイリノイ州選出の連邦上院議員だった。それは彼にとって初めての連邦議員の職務だった。いわば、彼は国政の経験が浅く、おそらく彼自身も含めて、誰も選挙の結果になにが起きるかを想像できなかった。

オバマは激しい予備選挙戦の後で、ヒラリー・クリントンを破った。彼女は体制派に支持された民主党陣営内の最も経験豊かな政治家の一人だった。彼女の名前やその夫の名前は人気があった。確かに、彼女はオバマに比べて人々の賛同を集める度合いはやや少なかった。そして彼女はおそらく、そのことでは彼女を非難できないが、あのダークホースのオバマの力を過小評価していた。彼女がいくつかの予備選挙でオバマに負けたことは世間を驚かせた。ヒラリーが選挙戦から排除された後、最終決選が始まった。オバマは共和党候補のジョン・マッケインと対峙した。

マッケインはアメリカの英雄で、議論の余地のない経歴で好感を与える人物だった。元戦闘機のパイロットでベトナムで撃墜され、捕虜になり、拷問を受けた。その後、アリゾナ州選出の上院議員を務めていた。

彼は共和党の優れた部分を体現していた。同党の価値観には忠実だが、極端主義者ではなかった。ようするに、共和党の理想的な候補者だった。

しかし、選挙戦では、四七歳の若い、知名度の低いあの黒人と、すべての人に賞賛されていたあの英雄との間で、国民は前者を選ぶことになった。しかも躊躇することなく。六、九五〇万票を獲得して、オバマはアメリカ史上で最大の票を得た大統領となった。それは二〇〇四年のジョージ・W・ブッシュの再選の得票よりも多かった。同年にブッシュは九・一一のテロ事件とイラク征服のことで追い風を受けていた。二〇〇八年には同じ勢いの中で、民主党議員が上下両院の過半数を占めた。民主党の優勢は決定的だった。下院では二五八議席で共和党が一七七。上院では一〇〇人中の六〇人だ。このような議会での民主党の優位は共和党側のあらゆる妨害作戦にも対抗することを可能にするものだった。

ようするに、オバマはすべての札を手中に持っていた。そして、その状態が、次の中間選挙まで二年間続くことを知っていた。そこには前例のないほどの素晴らしい得票数で選出され、アメリカ国民から明確な負託を与えられ、それを実現するための手段も与えられた大統領がいたのだ。

オバマに寄せられた期待は大きかった。オバマの選出には、確かに少数民族の連携の重みが作用し、またジョージ・W・ブッシュが八年間、あれほど不快な方法で代表していた共和党が国民によって拒否された。オバマの選出にはまた政治家たちのカースト制度を廃止したいとの国民の意思も作用していた。七年間のアフガニスタン、イラクの戦争と国の自閉の後、国を近代化したいとの国民の要望があった。オバマはそれらの要望のすべてを体現し、彼はそれらのすべてを約束した。

オバマ大統領と共に、自己と和解した一つのアメリカが、脱人種差別の段階に入ろうとしていた。彼の出現と共に、社会的正義が勝利を得ることになるようだった。彼は健康保険制度の改革、最も恵まれない人々の運命の改善を約束した。彼に立ち向かっていた危機、不況が確かに彼にウォール街の健全化などの機会を与えた。オバマ大統領の下ではグアンタナモのアメリカ軍基地の問題も解決、アメリカを恥じ入らせた捕虜の恣意的な扱いや拷問ももう終わる。その勢いで、彼はアフガニスタンとイラクの戦争を終結させ、アメリカ兵たちを帰国させ、アブ・グライブの収容所での捕虜たちの扱いで見られたアメリカ軍の不名誉を払拭させるはずだった。それなのになぜそのような順風の進路の上で彼は止まったのか。

彼は世界に平和をもたらすはずだった。まず中近東から始めることは明らかなように見えた。それゆえに、二〇〇九年にオスローの選考委員たちは結果を待たずに彼にノーベル平和賞を与えた。しかし、残念ながら期待された結果は決して生まれなかった。アメリカはそこに期待し、また世界全体も期待した。彼は素晴らしい魅力の持ち主だ。人々に信頼感を与える優雅さを言葉や態度の中に示している。彼はその選挙運動の期間中、変化を約束した。〝変化、それをわれわれは信じることができる〟、〝変化をわれわれは必要としている〟など。このような言葉が彼の選挙用ポスターの上で見られた。そしてあのスローガン、「イエス・ウィー・キャン」(Yes, we can) があった。あれは必然的に未来の行動を告げるものだった。

マスコミもまた彼を信じた。『タイム』誌は〝変化がアメリカに起きた〟と大見出しで扱った。〝人種差別が決定的な勝利の中で崩壊した〟と『ニューヨーク・タイムズ』が推定した。外国でも同様な陶酔状態が見られた。極端な例としてはフランスで、日刊紙のリベラシオンがそれを戯画化して、英語で「ウィー・ハブ・ア・ドリーム」(We have a dream) の見出しをつけたほどだった。

期待はずれの内政実績

それから八年が過ぎた。実績を見なければならない。夢は実現されなかった。バラク・オバマは彼に与えられた最初の例外的な二年間を活用できなかった。

二〇〇八年から二〇一〇年まで、民主党多数派の議会を背景にして、彼には行動の自由があった。事実上、自分のしたいことができたはずだった。しかし、彼は様子を見て、立ち往生する。それは経験不足のせいだったのか？　それとも彼は課題の大きさを前にして茫然としたのか？　それとも彼はアメリカ史上初の黒人大統領として、歴代の大統領以上のことをして、実績を証明しようとしたのか？　ようするに、彼は無意識のうちにも彼の大統領としての正当性に違和感を抱いていたのか？

それでも彼は民主党主導の議会の支持を得て行動することができたはずだったのに、彼は常に両党の合意を求めた。彼は多くの機会に共和党議員たちとの交流の道を開き、彼らの同意を期待し、彼らの善意に賭けた。しかし、結局は何も得られなかった。

この失われた最初の二年間はオバマ政権の原罪だった。その後の六年間は共和党との終わりのない戦いの中で立ち往生することになる。そしてその共和党自体はその過激な派閥のティー・パーティによって破壊されていた。

内政面ではオバマ政権の実績はまさに小さなものだった。オバマのために公平に見れば、アメリカを襲っていたあの〝大不況〟は彼を困難な状況に陥れた。八、〇〇〇億ドル近くを投入しての景気回復策、自動車産業と銀行の救済などは、たぶん、最悪の状態から国を救ったのだろう。ただし、それらの施策でもまだ臆病すぎる、との批判はあったけれども。

しかし、社会政策の分野では全くの不振だった！　二〇一一年にアメリカが不況から脱した時、貧困者の数と不平等の程度は前例のないほどの高さになっていた。このような悲惨を軽減するためのいかなる規模の社会政策も実施されなかった。不動産の所有者たち、サブプライム金利の危機が引き起こした不況の直接の犠牲者たちを救済するための計画は悲惨にも失敗した。その事件には五〇〇〇万人が影響を受けたと見られているが、ようやく一〇〇万人ほどが何がしかの補償を受けることで終わった。

二〇一〇年にはオバマ政権にとっての無垢な幼年期が終わった。議会が共和党に奪われたのだ。上院は民主党多数に留まったが、下院が共和党多数となった。オバマは彼の大統領政権の礎石となるべき健康保険制度の改革案を構築し始めたばかりだった。その時に彼は共和党との共存、政権分有に追い込まれた。

二〇一二年の議会選挙以後は上院も共和党陣営に傾斜して行った。それによってアメリカ国民が議会に送ったメッセージが明確になったばかりではなく、技術的にすべての法案や改革案が手続き上での難問となった。オバマは議会で困難な多数派支持を作りだすためや、法案に通過の機会を与えるためにその内容を希薄にしなければならなくなった。健康保険制度改革の原案は一連の試練の後で弱体化した。原案へのすべての反対勢力が最高裁判所までをも巻き込んで、結局は原案の内容を変質させた。

それにもかかわらず、結果的には、それまで保険制度で保護されていなかった二、〇〇〇万人ものアメリカ国民が新制度により保護されることになった。そのことだけでもこの改革は一つの成功とみなされねばならない。しかし、より全体的に見れば、この新保険制度は当初の目的を達成できず、現在でもアメリカ国民の過半数によって十分には理解されず、また受け入れられていない。

オバマが最も自由に行動できたのは社会制度に関する政策の分野だった。彼はかなりの精力を費やして同性婚を合法化した。それは同性愛者の間の結婚のことで、フランスでは誤訳されて、すべての人のための結婚となっている。それは〝リベラル〟なアメリカ、世界に向かって開かれた現代的なアメリカであり、自己閉鎖的なアメリカ、オバマ自身の言葉によれば〝自国の武器と教会のみにしがみついている自己閉鎖的な〟アメリカの対極を成すものだった。

同性婚の合法化は、史上にあまり例がないほど国論を二分した。しかし、オバマは健闘した。知識人たち、ウォール街やハリウッドからの寄付金の拠出者たちが彼を支持した。それは一つの勝利だった。その後も議論の対象にならない稀な勝利の一つだった。

しかし、その他の分野については、オバマは努力したけれども失敗した。彼は誠実で、専念した…特に軍備問題に関して。しかし、彼は、ビル・クリントン大統領の下で、小規模のものではあったが有望だった軍縮案に国を復帰させることもできなかった。彼は議会が民主党優位であった間に、もっと早期に行動すべきだったのだろう。

最も注目すべきは人種問題だ。近年では、黒人と白人との間の緊張がこの最初のアフリカ系アメリカ人の大統領の八年の任期の間においてほど高まったことは無かった。警官の暴力と暴動の多発は国の歴史を五〇年も後退させた。その当時は南部の諸州が最後の暴力の高まりの中で人種差別主義の州法を守ろうとしていた。人種問題の悪化をオバマだけの責任にするのは、当然ながら、不公平なことだろう。しかし、彼は全面的に赦免されるものでもない。初の黒人の司法長官エリック・ホルダーの下で、警察の勢力に対する確固たる政府の姿勢の欠如は何も改善を生まなかった。確実に言えることは、オバマの功罪表の上には、脱人種差別のアメリカ、と言える項目が現れないということだ。事態はむしろ逆になっている。

中近東政策の混迷

さらに、オバマ大統領は国際関係の分野において最も人々を失望させた…アメリカ国民も同盟国の人々も。オバマは国内の有権者たちにアフガニスタンとイラクからは撤退すると約束していた。彼はそれに向かって努力した。しかし、それにはどんな代価を払うつもりだったのか？　二〇一一年一二月八日、最後のアメリカ軍の派遣部隊がイラクから撤退した。一〇〇台ほどの車輌と第一騎兵師団の五〇〇人ほどの兵士だ。彼らは撤退後に、アメリカ大使館の護衛とイラク軍の養成訓練のために少数のアメリカ兵を残留させた。この撤退は課題の完了という気配を伴っていなかった。アメリカ兵たちがそこから撤退したというよりは、むしろそこを放棄したようなイラクは崩壊の淵にある。

シーア派の首相ヌウリ・アル・マリキはアメリカ兵の撤退を望んでいた。彼は国の再建よりも宗派間の対立を激化させるような施策をしている。このような状況の中で、アメリカ軍の撤退は賢明なことだったのだろうか？　この疑問は二〇一一年から先鋭化している。しかし、現在、その疑問は悲劇的な余波を生んでいる。アメリカ軍の撤退後に間もなく、多様な形態を持つ怪物があの地域を占領している。それはアル・マリキの政府のシーア派の支配を打倒することを望むスンニ派のイスラム教徒とサダム・フセインの元の軍隊の幹部たちとの合成物だ。彼らが一緒になって、イスラム国家の基盤を作ったのだ。

アフガニスタンではまたほとんど同様なシナリオだった。アメリカ軍の主力が撤退し、数千人の兵士だけを後に残した。結果的には首都カブールの入り口付近にまでタリバンの勢力が復活してくるのを眺めることになるだけだった。

オバマは、彼の前任者ブッシュがアメリカをそこに迷いこませた複数の戦場を放棄している間に、シリアの中で生まれつつあった混乱を見ていなかった。二〇一三年の夏、シリアにはまだ何らかの未来があった。多様な形態の反体制派がバシャール・エル・アサド大統領に決定的な打撃を与える用意があるように見えた。そこにはさまざまなイスラム教徒たちがいた。とりわけ、アル・カイダの地方分派であったフロン・アル・ノスラがいた。しかし、そこにはまた穏健派や民主主義者がいた。彼らは諸民族の協調に参加するようなシリアの希望を体現していた。

アサド大統領は、彼の父親がそれを自慢していたほどの野蛮さで、自分の存続とシーア派の分派であったアラウイ派の存続のために戦っている。彼は自国民を誘拐したり、拷問したり爆撃したりする。彼は毒ガスを使うことすらする。民間人で窒息させられたり、焼かれたりした人たちの証言や見るに堪えない画像が大量に出回っている。オバマ大統領や世界全体にとって、それは超えてはならないレッド・ラインの侵犯だ。

世論の圧力を受けて、オバマ大統領は最後通告を送った。国連の集めた証拠がアサドのガス使用の事実を確認した場合、すなわちアサドの再犯の場合、アメリカは、フランスも含む他の諸国と一緒にシリアの政府軍を爆撃する、というものだった。二〇一三年八月、通告の真価が問われることになった。アサドは再び化学兵器を使用した。その証拠は見るものに苦痛を与えるものだった。

オバマの躊躇

フランスとアメリカは爆撃の用意をしていた。しかし、行動開始の数時間前にオバマが後退した。全面的に軽視されて、フランス人たちは全く最後のぎりぎりの時点でそのことを知らされた。爆撃機は準備完了、爆弾も搭載済み、操縦士たちは行動の指示をすでに与えられていた。オバマは突然に、〝戦争に戦争を追加してはならない〃と考えた。この決定を彼は一人で行った…彼の顧問たちのほとんど全員一致の意見に反対して。彼の決定は直ちに、すべての首都で、モスコウからダマスカスまで、リアドやテヘランを経由して、大統領の弱さの大きな証拠として解釈されることになった。それはさらに悪い意味で、ある種の病弱、「戦いたくない戦士」の弱さ、と解釈される。

このことの悪影響はいずれにしても大きなものだった。二〇一三年の八月、民主的なシリアの創設はまだ可能だった。それから三年後にはシリアはもう存在せず、それの瓦礫の上にイスラム国が繁栄している。それはまずイラクで生まれた…オバマ政権による状況の誤った管理と誤った認識の恩恵を受けて。イスラム国はオバマ大統領の政治的・軍事的臆病の影の中で成長した。

信じがたいほどの善意を持って、オバマはその問題から手を引こうとしている。〃それは彼の興味を惹かないのだ〃と安全保障問題に関する彼の顧問のスーザン・ライスがある外交官に密かに語った。その外交官はあまりに驚いたので、このことを繰り返して語る。

観客向けにはオバマは断固たる態度を見せる。イラクとシリアの中にいるイスラム国に対する連合作戦を先導し、空爆作戦を実行する。しかし、現在、われわれは知っている。少なくとも二〇一五年の末まで、イスラム国に向けて出発した爆撃機の半分以上、つまり、四分の三が積んでいた爆弾を投下せずに戻ったということだ。命令はすべての非軍事的、付帯的な損害の発生を避けることだった。空爆が中止されるためには、一人の民間人がそれの犠牲者になる潜在的な可能性があるというだけで十分なのだった。それによって毎日トルコから石油を運ぶイスラム国家のタンクローリーの場合も同様に爆撃から免れた。運転手が民間人であったという理由だった。二〇一五年一一月一三日のパリでのテロ事件の後、爆撃中止の要件としての、民間人の潜在的犠牲者の数が一人から四人に増やされた。

アメリカ人たちが公表する目的はイスラム国家の壊滅だ。しかし、現実では作戦行動はイスラム国家をシリアの領土の中に封じ込め、閉じ込めるための次元に引き下げられている。シリアの領土についてはホワイトハウスはその保全を断念している。二〇一五年の末にはヨーロッパ中に押し寄せた難民の危機とフランスやアメリカ国内でイスラム国の名のもとに行われたと宣言されたか、あるいは実行されたテロ行為が、オバマに不本意ながらいささかの行動を起こすことを余儀なくさせた。アメリカからの反撃はある程度強化された。三〇〇人以下のアメリカの特殊部隊がイラクとシリアに展開された。それは問題の規模の大きさに匹敵するものではなかった。オバマは次第に国外で、またとりわけアメリカ国内で世論の全体から無策を非難されるようになった。アメリカ国民の大多数はイラクやアフガニスタンで被った精神的衝撃にもかかわらず、アメリカはもっと行動を取るべきだとみなしていた。とりわけ、アメリカは地上軍を送るべきだと考えていた。

ロシアの介入

オバマが躊躇している間に、ロシアのプーチンが前進していた。クリミヤの併合とウクライナ東部の不安定化に対してアメリカが真の反応を示さなかったことが、すでにオバマ大統領の信頼性に対する深刻な打撃を与えていた。シリアの危機に対するオバマの悲惨な管理がウラジミール・プーチンに介入のための大きな道を開いた。プーチンは機会を逃さなかった。

二〇一五年末に、ロシア軍が、それまで何年も前から中近東から締め出されていたものだったが、シリアに軍装備を持って上陸した。より正確に言えば、それはアラウイ派の支配地域に上陸し、戦うアサドの救援に向かうためだった。ラタキエがロシア軍の後衛基地となった。そこからロシア軍は全く独自に特殊部隊の作戦や空爆を実行した。ロシア軍はすべての抵抗勢力に対して、イスラム主義者も穏健派も問わず、大量の攻撃をした。オバマを筆頭にして、世界中がその既成事実を突きつけられた。

それまで、アサドはイランからの支持の御蔭でのみ存命し得たのだった。しかし、ロシア人たちが彼の味方になったので、彼は再び、短期間であろうとも、自分の将来を予測できた。そこにテヘランとモスコーの間の枢軸が形成された…それも数ケ月の内に、アメリカ大統領の無関心と無定見の中で。あの地域全体が不安定化した。それはまずペルシャ湾岸の複数の君主国に見られた。それらの諸国は、保護者アメリカの無力の傍観の下で、自分たちの国の国境でシーア派の敵が繁栄するのを恐怖感を持って眺めている。

弱い大統領

何というオバマの功罪表だ！　アメリカが世界から撤退したような感じを受ける。しかもそのことを公言すらせずにだ。それは〝栄光ある孤立〟の原理への復帰ではない。その原理は異論の余地はあるが一貫性のあるものだった。しかし、オバマの下では、それはむしろ一種の自己消去であり、それは自らが決定したというよりは受動的になされたものだった。しかし、二つの事件が多分その例外だろう。一つはキューバとの国交正常化だ。しかし、それは一つの政治的意思によるものというよりは、歴史と経過した時間のもたらした結果だ。もう一つは核開発に関するイランとの協定だ。

彼のいくつかの失敗を説明するために、オバマは議会の抵抗という理由の蔭に全面的に隠れることはできない。確かに議会は、例えば、グアンタナモの捕虜収容所の閉鎖を妨害した。しかし、なぜ彼はそれを二〇一〇年よりも前にしなかったのか？

歴代のアメリカ大統領は野党が多数派を占める議会に対抗するために憲法上のある手段を所有している。それは〝行政命令〟と呼ばれるもので、ある種の大統領の政令だ。オバマは歴代大統領の中で、最も少数の行政命令を発令した大統領だった。二〇一五年の末までに一八四個だった。それに比べて、ジョージ・W・ブッシュは二九一個、ビル・クリントンは三六四個、いずれも二期八年の間にだ。

二〇一六年初めの時点で、オバマは自己の実績を改善するために目覚めた。彼はようやくいくつかの行政命令を出した、特に国内の武器規制に関してのことだ。彼は武器購入者の司法関与歴と精神歴の確認を制度化する意図を示した。そのことは確かに無益ではないが、問題の大きさに対応するには絶対に不十分だ。

対外的にも対内的にも弱い大統領だったオバマは不本意にでも、想定外のところで権威を発揮した。ラティノたちが犠牲となって、そのことを証明した。

オバマは彼の二回の選挙運動で、一、一〇〇万人の中南米からの不法移民の労働者たち、とりわけアメリカと国境の近い国々からの人々のために、たくさんの公約をした。しかし、当選してしまうと、彼は態度を逆転させた。その点でも彼にはニックネームがつけられた。

〝最高追放官〟。オバマは不法移民の追放という点では彼のすべての前任者たちよりも高い実績を挙げた。ジョージ・W・ブッシュの記録を大幅に破った。共和党大統領ブッシュは二〇〇八年に三五万八、〇〇〇人を追放した。それはオバマによる二〇一三年の四三万八、〇〇〇人、二〇一四年の四一万四、〇〇〇人よりも少なかった。

オバマ大統領は彼の二期目に、アメリカ大統領の不人気の度合いでは過去の記録を破った。確かに、彼は歴代大統領の中で最悪の大統領ではなかった。しかし、結局、彼は初の黒人大統領以外の何であったのだろうか？

第一五章　ドナルドのアメリカ

予想外の結果

最初は、多数の人が彼のことを気分転換になると思い、彼のことを真面目に捉えていた人はかなり少数だった。次の段階では皆が彼の敗北を予想していた。その人たちは皆、彼の敗北が不可避で、間もなくそうなるだろうと思っていた。そこにあの瞬間がやってきた。皆が証拠を直視しなければならなかった。〝あの〟ドナルドとアメリカ人たちが呼ぶ人物が勝利したのだ。二〇一六年の初めから、彼が選挙に勝つかもしれない可能性が見えてきた時から、彼は笑い飛ばすべき対象の人物ではなくなっていた。夏には事態が決まっていた。そして一一月八日のあの大激震が来た。

ドナルド・トランプについてはさまざまなことが伝えられていた。彼は巨額の財を成したが、どの政党にも属さないと自称していることを人々は知っていた。彼は父親からその不動産帝国を継承した。彼の事業は確かに大規模のものだったが、彼が見せかけようとするほどには繁栄していなかった。彼の頭髪は本物か鬘なのかももはや不明だ。常識からみればあれは鬘のようだが、毎回、政治集会では彼は女性の支持者たちを壇上に登らせて、彼の頭髪が本物であることを証明させ、誓わせた。本物かどうかは、行って確認して見るがよい。他方で、彼について事実であったことは、彼が信じがたいほどの多くの暴言を吐いたことだ。

彼は社会のあらゆる方面の人々を侮辱した…ラティノ、女性、モスレム教徒など。しかし、それらのことは全く選挙では彼には不利に作用しなかったのだ。

トランプは政治家ではない。今回、彼は初めて選挙というものに出たのだった。確かに、アメリカ国民は過去にも一人の俳優、ロナルド・レーガンを大統領に選出した。しかし、レーガンはその前にカリフォルニア州の知事であり、さらにその前には俳優労働組合の会長を務めていて、公職についての真の関心を証明していた。

他方で、トランプは如何なる次元の選挙による公職も経験したことは無かった。しかし、彼は従来のワシントンの政治駆け引きや政治の無力に飽きていた一般大衆を、彼の大きな知恵で、政治舞台の主役にした。選挙戦でトランプが描いたアメリカは政治を嫌悪するアメリカ、さらに政治を軽蔑するアメリカだった。そしてその立場が結局、多数派となったのだ。

フランス人には何でもフランスの事態と比較するいささか軽蔑すべき傾向があるが、多数のフランス人の観測者たちがトランプをアメリカのル・ペン（フランスの右翼政党国民戦線の党首）であるとして両者の類似性を見つけようとした。しかし、トランプはそうではなかった。彼はまず第一に、自国が困難な状態の中にあるのを見続けることにくたびれてしまった大衆の立場を体現していた。彼は、アフガニスタンとイラクの二つの戦争の犠牲者たちに勇気を再び与えた。彼は大不況で圧迫された庶民の家族に誇りを回復させた。トランプは恐怖と自己閉鎖の立場の主唱者ではない。

トランプは復活したアメリカン・ドリームの代弁者だった。少なくとも彼はそのように国民に信じ込ませようとした。それは進取の精神と征服の精神のへの頌歌だった。それはまたリスクを冒すことの擁護でもあった。トランプは国民に最低賃金の時給二〇ドルや六〇歳での退職年金受給などを約束しなかった。それとは全く逆に、彼は自分のメッセージを伝えるために、常に自分の個人的な成功を自慢し、自分の資産を目立たせた。

トランプはそれまで数十年間、アメリカを窒息させてきた「政治的に正しい」とされる用語法を廃止した。彼は自分と選挙民との間の介在者の存在を廃止した。従来は、政治候補者たちの演説原稿を推敲する介在者たちがいて、候補者の言うべきことを判断し、政治的な表現を無害なものに修正し、結局意味不明にするのが常だった。トランプは世論調査の専門家も、代弁者も、党組織の幹部の支援も、何もなしに選挙運動をした。すぐれたコミュニケーターであったトランプは直接に大衆に語りかけ、もう使用されなくなったと思われていた言葉を使用した。彼はラティノのことをラティノと呼んだ。そしてそのことをアメリカ国民が賞讃したのだ。

トランプの勝利の意味

彼の勝利はまたバラク・オバマの敗北でもあった。退任間際の大統領はヒラリー・クリントンを誰よりも応援した。彼女は政治の継続性を体現していた。アメリカ国民はそれの停止を求めた。歴代の大統領王朝への停止命令、プロの政治家たちへの停止命令、過度の美辞麗句の演説への停止命令だった。オバマの二期政権の真の功罪について疑問を抱いていたすべての人たちにとって、トランプの選出は一つの明確な回答を与えた。それはオバマに対する否定的な評価表であり、もっとも明確な形で証明された。

ドナルド・トランプはこの勝利で今後どうするのだろうか？　彼が巧みに具現した単純な思想の持つ大きな力は何かの政策を作るのだろうか？　彼の選挙戦出馬について批判していた共和党は彼の勝利を歓迎し、同党のありえないはずのチャンピオンの立場に合流するのだろうか？

最終的にトランプにとっての最強の切り札は国内の状況だ。現実にはありえないように見えた彼の大統領立候補の冒険を、今後、国民に受け入れられる一つの大統領政権に変えていくためには大きな施策は不要だ。

将来を待つ間に、ドナルドのアメリカはその単純性と粗暴性でわれわれを驚かす。今後、ドナルドのアメリカはわれわれから遠ざかる、あの国、アメリカの究極的な変身のように見える。

訳者あとがき

土屋　元

フランス人にとり、アメリカはフランス大革命とアメリカ独立戦争以来、歴史的に一種の親近感と憧れを感じる存在であり、ことあるごとにアメリカはフランスにとり、一つの参照の対象となってきた。

私事になるが、共訳者土屋が幼少時にフランスに滞在した時の思い出話をいくつかさせていただきたい。一九七〇年代の後半のことであった。私は現地の公立中学校に通っていたのだが、学校の歴史の時間に当時のEC（欧州共同体）のことに話が及んだ時、ある生徒が「ヨーロッパの統合がもっと進めば、ヨーロッパはアメリカより強くなれるの？」と教師に尋ねた。それに対して、女性教師が――この教師はアグレガシオン（中・高等教育教授資格）を取得しており、中学生たちから漠然とした尊崇を受けていた――「なれます。しかし、各国の利害が入り組んでいて（アメリカを凌駕するほど統合が進むのは）現実には夢物語ですが」と答えた。また、この同じ歴史の教師が、ある日授業中にふと「アメリカ人には、私たちヨーロッパ人が持っているような長い歴史というものがなく、彼らはその点で少し寂しい思いをしているように思う」ともらしたことがあった。

同じ頃、前日の晩にアメリカの喜劇役者ジェリー・ルイスの出演する映画がテレビで放映されたある日のこと、学校の休み時間にフランス人の級友の一人が私に次のように言ってきた。「オレはジェリー・ルイスより（フランスの喜劇役者の）ルイ・ド・フュネスの方が好きだな。ジェリー・ルイスは、（映画の中で観客を笑わせるために）絶えずしかめっ面をしていて自分の素顔を決して見せないからな」。この指摘の当否は別として、フランスの中学生にとって、アメリカは紛れもなく「気になる存在」なのであった。

時は下って二〇〇〇年代半ばに共訳者がパリに留学した時のことである。幼少時に指導を受けたバイオリンの先生に再会した時、フランスの行政手続きの遅さに辟易した様子の先生が次のように言った。「例えば、僕がフランスで自分のバイオリン学校を開こうと思っても、認可が下りるのに二年はかかるだろう。アメリカならたった二時間でできるものが」。

あるいはまた、パリ大学のゼミナールで出会ったフランス人の友人が、当時、アメリカのイラク戦争開戦の理由となった大量破壊兵器が実際には存在せず、アメリカ国民がこの点で欺かれたことについて、次のように述べた。「アメリカ人というのはこういう（非民主的な）のが嫌いだからね」。

個人的な思い出話をいくつか披露させていただいたのは、これらがいずれも、フランス人にとりアメリカが「気になる存在」、参照の対象であることを示していると思われるからである。フランス人にとり、アメリカは一方では自分たちの手の届かない存在でありながら、他方ではそれに対して「自分たちの方が文化的には西洋の本家なのだ」との自負を持つ、憧憬と自負の入り混じった関係の国なのである。そして、この関係の源はアメリカ独立戦争とフランス革命にある。

本書では、その「幼馴染み」のアメリカがまるで、しばらく会わないうちに変わってしまった。そのアメリカがこのまま離れていってしまうのかという、瀬戸際の様子が切迫感と寂寥感を交えて描かれている。日本はグローバリズムの世界で生きてゆくしか道がない。欧州の各国のなかでも歴史的に大西洋を挟んでアメリカと深く長く交流してきたフランスの見方を知ることは、私たち日本人の複眼的思考を鍛えるうえで極めて有意義なことだと思われる。

二〇一八年一〇月

土屋　元

【著者】

ミシェル・フロケ（Michel FLOQUET）
1958年生まれ、リール大学院ジャーナリズム専攻修了。TF1（テレビ・フランス1）夜8時のニュース編集責任者（2008年～2011年）、同ワシントン特派員（2011年～2016年）を経て、2016年～2018年同報道部副部長。1981年より、大半の大きな紛争を取材（レバノン内戦、ルワンダの虐殺、ソマリア内戦、旧ユーゴスラビア紛争、湾岸戦争、イラク戦争、イスラエル・パレスチナ紛争等）。著書にユーゴスラビア紛争の取材にもとづく『ベルナールKのユーゴスラビアでの苦難』（未邦訳）と『フランスよ、お前の軍隊がずらかっている』（同）がある。

【訳者】

大井 孝（おおい たかし）
東京学芸大学名誉教授。パリ第2大学政治学国家博士、同大学政治学高等研究課程修了（仏政府給費生）、早稲田大学政治学士、同修士、コロンビア大学政治学修士（フルブライト給費生）。前国際教育振興会理事長。専門は国際政治史、米国外交史。主要著作：『欧州の国際関係 1919～1946 －フランス外交の視角から』（たちばな出版 2008年）。

土屋 元（つちや はじめ）
関東学院大学国際文化学部・社会学部講師、国際教育振興会講師。京都大学経済学士、パリ第10大学歴史学DEA課程（博士前課程・専門研究課程）修了、東京都立大学経済学博士課程単位取得満期退学。元沖電気工業株式会社勤務。専門は現代フランス経済史。共著：『比較文化事典』（関東学院大学国際文化学部比較文化学科編、明石書店、2015年）。

悲しきアメリカ－その真の様相

2018年10月20日　初版第1刷発行
著　者　ミシェル・フロケ
訳　者　大井孝・土屋元
発行者　上野教信
発行所　蒼天社出版（株式会社 蒼天社）
101-0051　東京都千代田区神田神保町 3-25-11
電話　03-6272-5911　FAX 03-6272-5912
振替口座番号　00100-3-628586
印刷・製本所　シナノパブリッシング

ISBN 978-4-909560-28-5 Printed in Japan
万一落丁・乱丁などがございましたらお取り替えいたします。